HEINER GEIßLER

**KANN MAN NOCH CHRIST SEIN,
WENN MAN AN GOTT ZWEIFELN MUSS?**

Das Buch

Seit es das Christentum gibt, existiert auch die Frage nach der Theodizee: Wenn es einen Gott gibt, warum lässt er seit Jahrtausenden Verbrechen, Katastrophen und Kriege zu? Eine der insgesamt völlig ungenügenden Antworten der Kirchen lautet: Das Leid in der Welt ist Sündenstrafe und Folge der Erbsünde des Menschen. Adam und Eva waren Gott ungehorsam und diese Sünde setzt sich gleichsam genetisch durch die Menschheit fort. Ein großer Propagandist der Sündentheorie war Martin Luther: Er sah den Menschen als durch und durch verworfen an, zu retten nur durch die unverdiente Gnade eines gütigen, allmächtigen Gottes.

In seiner Streitschrift kritisiert Heiner Geißler diese Sündenlehren scharf. Es ist höchste Zeit für die Kirchen, sich von einem Dogma zu verabschieden, das den Menschen die Schuld am Leid der Welt zuschiebt. Anlässlich des Reformationsjubiläums fordert Geißler eine offene Auseinandersetzung mit dem Thema und vor allem mit zweifelnden oder nicht gläubigen Menschen. Auch sie können Christen sein und bleiben, wenn sie der Botschaft Jesu folgen.

Der Autor

Dr. Heiner Geißler, geboren 1930, studierte als Mitglied des Jesuitenordens Philosophie, später Rechtswissenschaften. Er war 25 Jahre lang Mitglied des Bundestages, Landesminister, Bundesminister, Schlichter von Stuttgart 21 und gilt als einer der besten politischen Redner der Bundesrepublik. National und international engagiert er sich für die Wahrung der Menschenrechte, eine neue Weltwirtschaftsordnung und die Humanisierung des Globalisierungsprozesses. Er ist Autor zahlreicher Bestseller, u. a. *Sapere aude!* und *Was müsste Luther heute sagen*.

KANN MAN NOCH CHRIST SEIN,

HEINER GEISSLER

WENN MAN AN GOTT ZWEIFELN MUSS?

FRAGEN ZUM LUTHER-JAHR

Ullstein

3. Auflage 2017

ISBN 978-3-550-05006-0
© 2017 Ullstein Buchverlage GmbH, Berlin
Alle Rechte vorbehalten
Lektorat: Tanja Ruzicska
Umschlaggestaltung: Sabine Wimmer, Berlin
Umschlagfoto: © privat
Gesetzt aus der Adobe Garamond
Satz: LVD GmbH, Berlin
Druck und Bindearbeiten: CPI books GmbH, Leck
Printed in Germany

Inhalt

Ausgangspunkt
Ist Christsein möglich ohne Gott? 7

I Die unüberwindlichen Zweifel an Gott

Der Zweifel 9
Eine Menschheitsfrage 11
Ein Gasometer 12
Eine Gotteslästerung 13
Die Theodizee in der Philosophie 15
Leid als globales Massenphänomen 16
Barmherzigkeit oder Rechtfertigung? 17
Alan Michaels und der »grausame Gott« 18
Das Mysterium Erlösung 20
Das Leiden ist der Fels des Atheismus 22
Strafe für Sünden 23
Leid als Prüfung (»Gottes Geschick«) 24
Jesus und der Blinde 25
Keine dummen Fragen stellen 25
Freier Wille 26
Menschen und Teufel sind schuld 27
Hexenverbrennung im Namen Gottes 28
Willkür Gottes 29
Lob Gottes 30
Erbsünde 32
Rettung durch die Gnade? 34
Welches Gottesbild? 35
Erkenntnis 36
Was hat Jesus gemeint? 37

II Sehnsucht und Hoffnung

Von hundert Menschen sterben hundert	39
Tod als Provokation	40
Wirklichkeiten jenseits des Verstandes	42
Naturwissenschaften und Gott	43
Die Unbestimmtheitsrelation	45
Das Higgs-Teilchen	47
Die Theologie als Hindernis für die Naturwissenschaft	47
Verbrechen im Namen Gottes	51
Adversus Judaeos	53
Die Hexenjagd	54
Ist Gott der ganz andere?	56

III Christsein ohne Gott (?)

Warum versteckt sich Gott?	57
Kann man Gott beschreiben?	58
Existenzphilosophie	60
Hoffnung	61
Die Flaschenpost des Umberto Eco	63
Warum gegen eigene Interessen handeln?	65
Gott: ein Postulat der praktischen Vernunft?	66
Die entscheidenden Fragen	67

Ein Vorschlag

Der Sinn des Lebens?	71
Metanoeite	73
Anmerkungen	76
Literatur	79

Ausgangspunkt

Ist Christsein möglich ohne Gott?

Ich schreibe nicht über den Gott der Naturalisten wie etwa die Nobelpreisträger Stephen Weinberg oder Albert Einstein, der von sich gesagt hat, ich bin ein tief religiöser Ungläubiger. Ich schreibe nicht über Allah oder die Gottesvorstellungen der Buddhisten und Hindus, und wenn, dann höchstens am Rande. Sondern ich schreibe über den christlichen, persönlichen Gott der Bibel und wie ihn sich die katholische und evangelische Kirche vorstellen, auch über das von der Sündentheologie geprägte Gottesbild Martin Luthers. Denn ich bin weder Muslim, und will auch niemals einer werden, noch Shiva-Gläubiger. Ich bin getaufter Christ und will es nach Möglichkeit bleiben. Aber nichts hat dem Gott des Evangeliums mehr geschadet als bestimmte Gottesvorstellungen der Theologie beider Konfessionen und die Untaten, die Christen im Namen ihres Gottes begangen haben und immer noch begehen. Seit Hiob bis Dietrich Bonhoeffer und Hans Küng waren die besten Köpfe der Menschheit nicht in der Lage, eine Antwort auf die zerstörerische Frage zu finden: Wie ist die Allmacht, Güte und Allwissenheit Gottes zu vereinbaren zum Beispiel mit der unendlichen Traurigkeit traumatisierter Folteropfer und den tagtäglichen Qualen Gefangener und kranker Menschen? Ich frage also: Ist Christsein möglich ohne Gott?

I

Die unüberwindlichen Zweifel an Gott

Ob Gott als Person existiert, ist mit dem Verstand nicht zu beweisen. Das kann man nur glauben. Aber kann man Christ sein und bleiben, wenn man angesichts des Elends auf dieser Welt nicht einmal mehr glauben kann? Die Frage nach Gott und dem Leid und Unglück in der so genannten Schöpfung ist ein alter Hut. In der Fachsprache der Theologen und Philosophen ist das die Frage nach der Theodizee, nach der »Gerechtigkeit Gottes auf Erden«.

Der Zweifel

Für den heute lebenden, modernen Menschen ist der alte Hut aber ein neuer Hut. Er begegnet diesem Skandal *heute*. Er befindet sich nicht in früheren Jahrhunderten. Und er fragt: Ist die ganze christliche Religion nicht ein großes Theater, zu dem die Theologen das Drehbuch geschrieben haben? Ist sie nicht ein Täuschungsunternehmen, eine Drogenfabrik? Das wäre nicht der Fall, wenn es eine befriedigende Antwort auf das Problem der Theodizee gäbe.

Ich habe lange gezweifelt, ob ich dieses Buch schreiben soll. Muss ich nicht vieles in Frage stellen, woran ich als junger Mensch und später noch geglaubt habe? Als Sozial- und Gesundheitsminister und nach meinen Besuchen in Lateinamerika, auf den Philippinen oder im Sudan habe ich schon vor langer Zeit immer wieder die Frage nach der Vereinbarkeit des Glaubens an Gott und dem Elend und Übel auf der

Erde gestellt. Ich habe, je länger ich darüber nachdachte, immer mehr an Gott gezweifelt, mich zusehens in Distanz gebracht zu dem geistigen Raum, der meine religiöse Heimat ist. Die Suche nach Wahrheit war begleitet von einer eigenartigen Melancholie, weil ich diese Heimat immer mehr verlor und ihr gleichzeitig nachtrauerte.

Wenn man sich das bewusst macht, lebt man plötzlich in zwei Welten, die unvereinbar sind. Vom Heimweh gedrängt, versucht man in die alte Welt zurückzufinden, kann aber einfach nicht mehr glauben, was dort gepredigt wird. Eine Welt, in der keine Antwort gegeben wird auf den Monster-Gott in Auschwitz, der laut Hannah Arendt seit damals endgültig verschwunden ist.[1] Daran ist eigentlich Zweifel nicht möglich, wenn da nicht dieser »*goddamn Jesus*«, wie die Amerikaner sagen, dieser verdammte Jesus wäre, mit seiner großartigen, einmaligen, unübertroffenen Botschaft. Muss man Jesus wegen Gott, den es gar nicht geben darf, einfach fahrenlassen?

Das Reformationsfest anlässlich des Jubiläums beschäftigt sich mit dieser Frage kaum. Der Kulturbeauftragte der evangelischen Kirche versteigt sich mitten im Kriegsgemetzel um Aleppo sechs Seiten lang im *Spiegel* zu der »Idee vom fröhlichen Tod«, die Martin Luther verkündet haben soll (*Spiegel* 47/2016, S. 140). Und die Theologie beider Kirchen bleibt bei der unverschämten und unglaublichen Behauptung, die Menschen müssten sich für Unglück und Leid, die ihnen milliardenfach seit Tausenden Jahren widerfahren, vor Gott rechtfertigen und nicht umgekehrt Gott vor den Menschen. Gott, der doch als »der Schöpfer Himmels und der Erde«, so das Credo des ersten Konzils von Nicäa, eigentlich den Menschen und den Tieren ohnehin Rechenschaft ablegen müsste, weil er sie gar nicht gefragt hat, ob sie so ein Leben haben wollen.

Kann man mit so einer Theologie überhaupt ein Christ sein? Oder besser gesagt: Muss man die Rechtfertigungslehre nicht grundsätzlich ablehnen, um weiterhin Christ bleiben zu können?

In der Minute, in der Sie, verehrte Leserin, verehrter Leser, diese Zeilen lesen, werden Millionen Kinder misshandelt, Zehntausende Menschen gefoltert, Hunderttausende Frauen vergewaltigt und unzählige Menschen umgebracht. Könnte man die Schreie dieser gequälten, gesteinigten, gedemütigten, geschlagenen, ermordeten Menschen – die Schreie der Tiere nicht mitgerechnet – alle gleichzeitig hören, würde dieser unerträgliche Schrei alles Leben auslöschen. Der Gott, der so etwas nicht nur möglich macht, sondern es in jeder Minute zulässt, soll auch noch ein liebender, gnädiger, gerechter Gott sein? Eben der christliche Gott? An dieser Frage dürften die Reformationsfest-Verantwortlichen und ihre theologischen und kulturellen Interpreten eigentlich nicht vorbeikommen. Hat doch der Urheber dieses Jubiläums, Martin Luther, die schauerliche These vertreten, Leben, Schuld, Himmel und Hölle, also das Schicksal des Menschen, sei von Gott vorherbestimmt.[2]

Eine Menschheitsfrage

Das Rätsel um diesen Gott zieht sich durch die gesamte Menschheitsgeschichte und lässt viele Menschen schier verzweifeln. Der afrikanische Kirchenlehrer Lactantius hat schon vor 1700 Jahren formuliert, was seit Menschengedenken ununterbrochen gedacht und gefragt wird.[3]

Warum hat Gott das Übel nicht verhindert?

Entweder Gott kann es nicht, dann ist er nicht allmächtig.

Oder er will nicht, dann ist er nicht gut und gerecht.

Oder er kann und will nicht, dann ist er ohnmächtig und böse zugleich.

Oder er kann und will, warum tut er es dann nicht?

Ein Gasometer

Wenn der Lkw-Mörder des Berliner Breitscheidplatzes, kurz bevor er in Mailand erschossen wird, den beiden Polizisten zuruft: *allahu akbar – »Gott ist groß«*, dann mag dies der Ausdruck perverser islamistischer Gottesvorstellung sein. Ich aber möchte wissen, ob ich Christ sein kann, obwohl ich keinen Gott erkennen kann, den ich groß loben könnte.

In Duisburg gibt es einen stillgelegten Gasometer, in dem eine Ausstellung mit dem Titel »Wunder der Natur« zu sehen ist. Der Gasometer dient heute der Stadt Duisburg als Kulturzentrum für Opern, Konzerte, Festivals, Ausstellungen und Verkaufsmessen. Er hat gigantische Ausmaße. Die Höhe, sagt Karl-Heinz Wiesemann, Bischof von Speyer, entspricht der Länge des Speyerer Doms in die Höhe gestellt. Er staunte nicht schlecht, als er Ende 2016 die Ausstellung besuchte und angesichts der Gasometerdimensionen meinte, man werde von einer Ahnung der Unendlichkeit des Universums erfasst. »Ganz oben«, so schreibt der Bischof in der Kirchenzeitung *Der Pilger*, »sieht man eine große Erdkugel, umgeben von der schwarzen Tiefe des Alls. Auf ihre Oberfläche sind Aufnahmen projiziert, die Weltraumfahrer vom blauen Planeten gemacht haben. Man kann sich auf einer ansteigenden Tribüne auf den Rücken legen und so wie aus einer Raumkapsel auf unsere Erde schauen, auf das Wunder einer Atmosphäre des Lebens und seines fragilen Gleichgewichtes im Entstehen und Vergehen von Wetteraufzügen und Wetterabzügen, von hereinbrechender Nacht und aufwachenden Kontinenten, von bis in den Weltraum leuchtenden Megastädten und leeren Wüsten unendlicher Weite.« Ganz unten im Gasometer ist ein runder Raum abgegrenzt, quasi als Keimzelle des Ganzen. Dort wird man durch einen Film vom Werden des menschlichen Lebens in das Innere des Mutterleibes hineingenommen, von den allerersten Tagen nach der Empfängnis an. »Wissen und Staunen verschmelzen ineinander in der Erfahrung der ›Ehrfurcht vor dem Leben‹ (Albert Schweitzer).« – »Wer das gesehen hat«, so entfuhr es spontan einer Frau, die mit dem Bischof die Ausstellung besuchte, »kann eigentlich nicht mehr abtreiben.«[4] So steht die Geschichte in der Kirchenzeitung, und die großartige Weltraumschilderung des Bischofs wird plötzlich herabgeholt auf das höchst irdische, mit großem Leid verbundene Problem von vielen Millionen Frauen. Von Polen bis zu den Philippinen haben Frauen dieses Problem, wenn sie an den Gott der katholischen Kirche glauben wollen. Ein Gott, der ihnen die Empfängnisverhütung von den Kondomen bis zur Pille verbietet, obwohl beide es ermöglichen, dass eine Abtreibung gar nicht stattfinden kann – ein Gott übrigens, der ihnen verheißen hat, ihre Kinder unter Schmerzen zu gebären.

Eine Gotteslästerung

Die katholische Moraltheologie ist partiell eine Gotteslästerung, weil sie Gott für eine solche Verletzung der Menschenwürde der Frauen und ganz allgemein für eine unmenschliche Sexualmoral in Anspruch nimmt. Zwar hat auch Papst Benedikt XVI. etwa den Menschenhandel als »eine große Schande« bezeichnet und als eine der schlimmsten Begleiterscheinungen der Globalisierung gegeißelt. Doch nach wie vor weigert sich der Vatikan, die europäische Menschenrechtskonvention aus dem Jahr 1953 sowie die UN-Frauenkonvention gegen die Diskriminierung der Frau (CEDAW)[5] von 1981 zu unterzeichnen. Unter Berufung auf Gottes Willen verweigert die Kurie den Frauen den Zugang zu den Weiheämtern und leistet der weltweiten Diskriminierung und Entrechtung der Frauen de jure und de facto Vorschub. Nicht nur in weltlichen Angelegenheiten, auch innerkirchlich können die Frauen nicht damit rechnen, dass Gott seine schützende Hand über sie hält. Nur ein Beispiel: Ein neunjähriges Mädchen war im brasilianischen Recife von seinem Stiefvater vergewaltigt und schwanger geworden. Nach der Abtreibung im März 2009 erklärte der zuständige örtliche Erzbischof, José Gomes Sobrinho, offiziell und publikumswirksam, dass die beteiligten Ärzte und die Mutter des Mädchens automatisch exkommuniziert seien. Nach Aussage der behandelnden Ärzte hätte das nur 1,33 Meter große und 36 Kilogramm schwere Mädchen bei einer Fortsetzung der Zwillings-Schwangerschaft in akuter Lebensgefahr geschwebt. Die Kurie kritisierte die publizistische Behandlung des Falles durch den Erzbischof, der doch lieber tröstende Worte für das misshandelte Kind hätte finden sollen, anstatt mit öffentlichem Pomp die Exkommunikation zu verkünden. Die Exkommunikation wurde bis heute nicht zurückgenommen: einer der vielen Fälle, die Franziskus von seinen Vorgängern Johannes Paul II. und Benedikt XVI. geerbt hat.[6]

Die einzige Legitimation für den Geschlechtsverkehr war schon nach Ansicht der frühchristlichen Kirchenväter die Zeugung von Kindern, wovon im Evangelium nichts steht. So schrieben es die Kirchenväter Origenes, Gregor von Nyssa, Johannes Chrysostomos, Ambrosius von Mailand, Hieronymus, Augustinus und andere theologische Sexualexperten. Nach wie vor verbietet die Kirche jede Benutzung von Kondomen bei Geschlechtsverkehr, selbst wenn dies zur Verhinderung von HIV-Infektionen dienen sollte. Katholische Krankenschwestern geraten in Gewissenskonflikte, wenn sie etwa in Südafrika an staatlichen Aids-Bekämpfungskampagnen teilnehmen. Der Großkanzler des Malteserordens, Albrecht Freiherr von Boeselager, wurde durch den Großmeister Fra' Matthew Festing abgesetzt wegen Verteilung von

Kondomen durch Malteser-Hilfsprogramme in Myanmar.[7] Die Degradierung der sexuellen Lust zu einer zwar notwendigen, aber eigentlich unwichtigen Variante des Fortpflanzungsakts ist ein moralisches Konstrukt, ein Menschenwerk, ein Gesetzeskorsett, in das Gott hineingezwungen wurde. Über 95 Prozent der katholischen Frauen lehnen dieses Konstrukt als unerfüllbar ab.[8] Afrikanische Islamisten belassen es nicht bei der Theorie, sondern schreiten zur Tat und schneiden konsequenterweise die Quelle der weiblichen Lust, die Klitoris, einfach ab. Kann man noch ein katholischer Christ sein, wenn die Kirche sich mit dieser Sexualmoral des Geschlechtsakts bemächtigt? Wenn sie eine moraltheologische Scharia dekretiert, in der die Einzelheiten der geschlechtlichen Liebe sogar in der Ehe der kirchlichen Jurisdiktion unterworfen werden?

Die Theodizee in der Philosophie

Die Frage nach Gott und dem Leid hat die Philosophen seit jeher beschäftigt, da sie den Widerspruch zwischen einem allmächtigen und allgütigen Gott einerseits und der Existenz von Übel in der Welt andererseits mit der Vernunft, also philosophisch, aufzulösen versuchten. So behaupteten Augustinus und Thomas von Aquin, das Übel sei ein Defizit an Gutem. Die Buddhisten sagen, durch die Güte Gottes erhalte der Mensch mehrere Leben und könne von einem Stadium zum anderen zur Vollkommenheit gelangen. Für Hegel ist das Übel Teil des dialektischen Durchgangs durch die Geschichte. In anderen Religionen wird bestritten, dass Gott allmächtig sei, es gebe in der Welt auch das Prinzip des Bösen, der Teufel habe Macht gegenüber Gott. Und wieder andere erkennen im Übel das Ergebnis menschlicher Freiheit, die sich auch zum Bösen wenden könne, denn der Mensch habe einen freien Willen. Der Mathematiker und Philosoph Gottfried Wilhelm Leibniz versuchte Ordnung in dieses Chaos der Argumente zu bringen: Gott habe in seiner Weisheit, Güte und Allmacht unter den unendlich vielen möglichen Welten die bestmögliche, vollkommenste aller möglichen Welten geschaffen – wozu auch das Leid gehöre. Diese philosophische Erklärung passte hervorragend in das theologische Weltbild des Christentums und fand zu jener Zeit große Akzeptanz. Bis 1754. In diesem Jahr wurde Lissabon, obwohl Bestandteil der bestmöglichen aller Welten, durch ein Erdbeben total zerstört.

Für Immanuel Kant sind alle philosophischen Versuche, das Problem der Theodizee zu lösen, zum Scheitern verurteilt: Die Vernunft sei anmaßend und verkenne ihre Grenzen, wenn sie meint, die Sache Gottes verstehen zu können. Der katholische Dogmatiker Otto Hermann Pesch bestätigt dies auch für die Theologie: »Der Gott, von dem der christliche Glaube redet, lässt sich mit keinem Vernunftverfahren beweisen.«[9]

Leid als globales Massenphänomen

Die allgemeine Bevölkerung nahm über Jahrhunderte das Leid und die Übel gottergeben hin. Außerdem war für die Menschen das Leid überschaubar und wurde im Wesentlichen im Bereich der Familie, Nachbarschaft und Gemeinde erlebt. Seit dem vorletzten Jahrhundert ist das Leid durch die Entwicklung der Kommunikationstechnik zu einem Massenphänomen geworden. Noch vor hundert Jahren gab es auf der Welt 1,6 Milliarden Menschen, heute sind es gut 7,5 Milliarden. Das Verschwinden eines Flugzeugs mit über zweihundert Passagieren über dem Indischen Ozean ist der Mehrheit der Menschen heute genauso gegenwärtig wie die

Beerdigung eines Nachbarn oder die Krebskrankheit eines Familienmitgliedes. Genauso das Erdbeben mit Tsunamis in Fukushima, die Explosion einer Erdölbohrinsel im Golf von Mexiko sowie Mord- und Terroranschläge in Istanbul und Paris. Die Frage nach der Gerechtigkeit Gottes ist global präsent und berührt die grundsätzliche Akzeptanz vor allem der christlichen Religion. Denn durch die Aufklärung vor gut dreihundert Jahren sind die Menschen in Europa und Amerika aus ihrer unverschuldeten Unmündigkeit befreit und ermutigt worden, ohne Hilfe anderer selbständig zu denken. Hindus und Muslime haben die Aufklärung weitgehend noch vor sich und glauben an das gottgewollte Kastensystem und Mohammed. Inzwischen gibt es auch in den USA und Europa immer mehr Fundamentalisten. Und in den Kirchen genügend Piusbrüder, die die Aufklärung wieder rückgängig machen und das postfaktische Zeitalter einführen wollen. Die Frage nach Gott in der Welt wird von diesen Leuten nicht mehr gestellt. Man sieht das Weiße in den Augen des Establishments und macht, was doch berechtigt wäre, für das Unglück dieser Erde nicht Gott, den Kapitalismus und den Nationalismus verantwortlich, sondern westliche Regierungen, Europa und die Lügenpresse.

Barmherzigkeit oder Rechtfertigung?

Welches Bild machen sich nun die katholische und evangelische Theologie von einem Gott, der dadurch zum Heil der Menschen wird, dass er die Liebe selbst ist, wie der christliche Glaube behauptet? Der Glaube an diesen Gott ist angeblich die Voraussetzung dafür, dass man Christ ist.

Viele suchen Orientierung und würden sie gerne finden in der christlichen Botschaft. Der Zuspruch für Papst Franziskus und sein Plädoyer für Barmherzigkeit und eine neue

Wirtschaftsordnung spricht Bände. Aber die offizielle evangelische und katholische Lehre verharrt, was die Interpretation von massenhaftem Leid und Elend unter den Menschen betrifft, im Zustand eines geistigen Feudalismus. Mit diesem Feudalismus verdammt sie die Leute mittels der Rechtfertigungslehre, der Erbsünde und einer Gnadentheologie, die die politische Botschaft des Evangeliums verleugnet. Sie liefert Diakonie und Caritas den modernen Götzen der Betriebswirtschaftslehre aus und verrät so die jesuanische Botschaft der Nächstenliebe. Sie versucht, die Menschen mit Liturgie- und Pfarrfesten (inzwischen mit immer weniger Priestern und Pfarrern) bei der Stange und bei Laune zu halten. Sie predigt vor leeren Bänken, und ihre Posaunen blasen von den Türmen ihrer leeren Kirchen.

Eine der wenigen Chancen, die christliche Botschaft an die Leute heranzubringen, nämlich die stationäre und ambulante Alten- und Krankenpflege, wird von den Kirchen mit Blick auf die staatlichen und sozialversicherungsrechtlichen Refinanzierungsmöglichkeiten nicht wahrgenommen und ihre öffentliche Darstellung dem Paritätischen Wohlfahrtsverband überlassen. Gebete und Gespräche mit den Patienten unterbleiben, obwohl medizinisch-psychosomatisch wichtig, weil die dafür benötigte Zeit von niemandem bezahlt wird. Auch nicht von den Kirchen. Der Glaube an einen Gott wird der Betriebswirtschaftslehre untergeordnet.

Alan Michaels und der »grausame Gott«

Jährlich erkranken in Deutschland etwa eintausendachthundert Kinder unter fünfzehn Jahren an Krebs. Meistens tritt der Krebs in den ersten fünf Lebensjahren auf. Die Kinder leiden an Leukämie, beginnend mit unerklärlichen Fieberschüben, Infekten und Blutungen. Sie haben Hirntumore mit

Erbrechen, Schielen, Schwindel, sie erkranken an Neuroblastomen mit Knochenschmerzen, Hinken, Augenblutergüssen, an Nierentumoren mit aufgetriebenen Bäuchen. Die Heilungschancen sind gestiegen – etwa durch willkürliche Wunderheilungen Gottes bei diesem und bei jenem, aber nicht bei einem anderen Kind? Doch wohl eher durch die Fortschritte der Medizin. Und wie stand es mit den Müttern vor fünfhundert, vor tausend Jahren? Nicht wenige Mütter mit solchen Babys wünschten, ihr Kind wäre nicht geboren worden.

In den Buchhandlungen kann man den Roman von Philip Roth, *Nemesis,* kaufen, in dem er die Beerdigung des kleinen Alan Michaels schildert, der an Polio gestorben war. »Doch jetzt, da der Sarg in das Grab hinabgelassen wurde und Mrs Michaels ihn festhalten wollte und schrie: nein, nicht mein Kind«, offenbare sich, so heißt es in dem Roman weiter, »der Tod als ebenso mächtig wie die unablässig auf den Kopf einhämmernde Sonne. Sie beteten mit dem Rabbi die Totenklage, wobei sie Gott wiederholt für seine Allmacht priesen. Sie sparten nicht mit Lob für einen Gott, der dem Tod erlaubte, alles – auch Kinder – zu zerstören.« Der auch anwesende Lehrer des Jungen »hatte Gott nicht gehasst, weil er ihm seinen Großvater genommen hatte, als dieser ein dem Sterben angemessenes Alter erreicht hatte, aber (seinen Schüler) Alan Michaels durch Polio umzubringen? Polio überhaupt entstehen zu lassen. Wie konnte es angesichts derart wahnsinniger Grausamkeit Vergebung – geschweige denn Hallelujas – geben? Es wäre ... viel weniger anstößig erschienen, wenn die Trauernden sich als Zelebranten der Majestät eines Sonnengottes bekannt hätten ... als die offizielle Lüge zu schlucken, Gott sei Liebe und Güte und vor einem kaltblütigen Kindermörder im Staub zu kriechen.«[10] Was für ein Gott?

Das Mysterium Erlösung

Die Gasometer-Geschichte befindet sich auf Seite 2 der Doppelausgabe der Speyerer Kirchenzeitung *Der Pilger* vom 18. und 25. Dezember 2016. Gleich daneben, auf der Seite 3, meldet die Katholische Nachrichten-Agentur (KNA), die Rückeroberung der Stadt Aleppo durch syrische Regierungstruppen verlaufe unter völliger Missachtung von Menschenrechten und internationalem Völkerrecht. Die siebenjährige Bana Alabed, so berichtet KNA weiter, habe am Dienstagmorgen über Twitter die Nachricht verbreitet, »das ist mein letzter Moment, in dem ich lebe oder sterbe. Bana.«[11] Sie muss nicht sterben, sondern wird später gerettet.

Das Tagesgebet der Weihnachtsmesse erinnert an das Geheimnis der Menschwerdung Gottes, in der sich uns der Sinn des ganzen Universums offenbart: »Allmächtiger Gott, Du hast den Menschen in seiner Würde wunderbar erschaffen und noch wunderbarer wiederhergestellt. Lass uns teilhaben an der Gottheit Deines Sohnes, der unsere Menschennatur angenommen hat.«[12]

Gibt es aber einen Gott, der die krebs- und polioerkrankten Kinder »wunderbar« erschaffen hat? Noch wunderbarer wiederhergestellt hat er sie ja nicht, zumindest nicht auf dieser Erde, wie jedermann weiß. Die Menschwerdung Gottes wird ein Geheimnis genannt, in dem sich der Sinn des gesamten Universums erschließt. Es gibt in der Theologie, der Lehre von Gott, einen Begriff, der immer dann wiederkehrt, wenn die Theologie auf existenzielle Fragen nur fragwürdige Antworten weiß. Es ist das *Mysterium*, das Geheimnis, das begrifflich herhalten muss für Jungfrauengeburt, Auferstehung, Mariä Himmelfahrt, unbefleckte Empfängnis und Zeugung durch den Heiligen Geist. Darf man nur Christ sein, wenn man an all das glaubt? Vor allem daran, dass dieses

Kind in der Krippe die Antwort Gottes ist auf die Grausamkeiten dieser Welt? Denn diesem armseligen Baby im Viehstall soll ja nach dem Willen Gottes dasselbe Schicksal blühen wie all den Alans und den Millionen von Menschen, die mehr oder weniger qualvoll ihr Leben lassen müssen. So sehr hat Gott die Menschen geliebt, sagt die christliche Theologie, dass er seinen Sohn Mensch werden und am Kreuz qualvoll verenden ließ – neben dem langsam brennenden Scheiterhaufen die schlimmste Hinrichtungsart, die der Mensch erfunden hat. Das soll die Botschaft sein: Gott hat sich in der Person des Jesus mit den Menschen total solidarisiert und sie dadurch von allen Sünden befreit und erlöst. Eine schöne Antwort, die schönste, die ich kenne. Weiter aber darf der Christ nicht denken. Was ist das für ein Gott, der uns erst auf der Frage sitzenlässt, warum er Schmerz und Leid überhaupt ermöglicht hat – nur um uns hinterher mit dem komplizierten Manöver des von einer Jungfrau geborenen Sohn Gottes davon wieder zu befreien? Was sagen zu dieser Lehre eigentlich die gut fünf Milliarden Menschen in Asien und Afrika und anderen Ländern, die von diesem ihrem Glück gar nichts wissen? Und nicht anders als die zwei Milliarden Christen mit der Wirklichkeit von Krankheit, Naturkatastrophen und Folter konfrontiert werden?

Schlechte Nachrichten sind nichts Besonderes. Sie können sich jeden Tag wiederholen, und die Grausamkeit vieler der ihnen zugrunde liegenden Ereignisse scheint beliebig steigerbar zu sein. In derselben Sekunde, in der tausendfach vergewaltigt und gemordet wird, lieben sich Tausende von Frauen und Männern und empfinden wenigstens für einen Moment höchstes sinnliches und seelisches Glück. So ist es seit Menschengedenken. Aber was ist das für eine Welt, in der das alles möglich ist?

Das Leiden ist der Fels des Atheismus

Bei den alten Griechen war Zeus der große Demiurg, der Handwerker, der Künstler, der die Welt geschaffen hat. Wenn ein Tischler aber einen Schrank fertigen würde, der so viele Fehler aufwiese wie das Werk des Demiurgen Gott, dann würde man ihm vorwerfen, er habe Pfusch gebaut. So ein Tischler würde im Rekordtempo pleitegehen. Dass die Welt in großen Teilen als Pfusch betrachtet werden muss, ist das stärkste Argument jener Menschen, die nicht an Gott glauben.[13]

Von dem Dichter Georg Büchner (1813–1837) gibt es den berühmten Satz über das Leiden: »Das ist der Fels des Atheismus.«[14] Der Theologe Pesch sagt dazu: »Wenn ein allmächtiger und gerechter Gott, der sogar die Liebe selbst sein soll, das unschuldige Leiden in der Welt zulässt, was soll der Mensch dann noch von solcher allmächtigen Gerechtigkeit und Liebe halten? Der Gottesglaube muss eine Antwort geben, oder der ›ethische Atheismus‹ hat das letzte Wort.«[15]

Man müsse zugeben, dass manche Antworten nicht zufriedenstellen können; das ist vornehm ausgedrückt. Es sind faule Ausreden.

Hier eine Liste der in der Theologie beider Kirchen verwendeten Antworten:

1. Leiden ist Strafe für Sünden
2. Die Leiden sind von Gott geschickt
3. Gott nach dem Leid zu fragen (Rechtfertigung Gottes), ist eine Anmaßung des Menschen
4. Gott will geliebt werden, dies setzt aber den freien Willen des Menschen voraus, auch das Böse zu tun. Ohne das Böse gibt es keinen freien Willen
5. Nicht Gott verursacht das Leid, sondern Hitler, Pol Pot, Assad, Psychopathen und Sadisten

6. Leid wird verursacht durch den Teufel, Hexen, Zauberei
7. Gott handelt, wie er will
8. Gott sei Lob und Preis

Strafe für Sünden

Am 24. März 2015 zerschellte der vom Ko-Piloten gesteuerte Germanwings Airbus 320 an einer Felswand bei Seyne-les-Alpes, und einhundertfünfzig Menschen fanden den Tod. Man hörte von den Kirchen zunächst zwei Tage lang so gut wie nichts. Das war verständlich, denn mit welchem Gottesbild war das schreckliche Geschehen vereinbar? Margot Käßmann sprach von der Ohnmacht Gottes.[16] – Ein ohnmächtiger Gott? Die Menschen würden die Macht (oder die mächtige Person) gerne kennenlernen, die mächtiger ist als Gott und dahintersteckt. Katholische Theologen sagten in den darauffolgenden Trauergottesdiensten, der Beistand Gottes stehe an der Seite der Hinterbliebenen. Aber hätten die Hinterbliebenen es nicht vielleicht lieber gehabt, der Beistand Gottes wäre in der Maschine gewesen? Tausend Fragen und keine Antworten. Man beruft sich auf die Kirchenväter: Gott lässt das Böse zu, den Menschen zur Erziehung und Strafe. Einen solchen Gott müssen aber Millionen Frauen und Kinder als Hohn empfinden, denn sie tun nichts Schlechtes, und Babys und kleine Kinder haben nicht gesündigt, nichts Böses getan.

Für manche Theologen in den Vereinigten Staaten, Mitglieder der Tea-Party, sind Tsunamis nicht die Folge von tektonischen Plattenverschiebungen, sondern von den Sünden der Menschen. Folgen vom Feiern, Zechen und Tanzen in Kneipen und Bars bis hin zu Übertretungen irgendwelcher alberner Sabbatvorschriften. Laut Altem Testament wurde ja bekanntlich die ganze Menschheit in der Sintflut vernichtet, wegen kleiner und größerer Fehltritte, mit Ausnahme der Menschen und Tiere, die in Noahs Arche hineinpassten. Der frühere Präsidentschaftskandidat Pat Robertson führte den Hurrikan Katrina auf die besonders sündige Legalisierung der Abtreibung zurück.[17] Das Alte Testament ist voll von solchen Geschichten, man denke an Sodom und Gomorra.[18]

Wie soll man sich einen Gott vorstellen, der die Epidemien selber erfindet, die Menschen damit ansteckt, der Tsunamis in Gang setzt und Küsten überschwemmt? Oder konsequenterweise selber in der Gestalt des geistesgestörten Ko-Piloten die Maschine gegen den Felsen steuert?

Leid als Prüfung (»Gottes Geschick«)

1527 bricht in Wittenberg die Pest aus. Luther predigt den Leuten, man dürfe vor der gefährlichen Seuche nicht fliehen, weil sie »Gottes Geschick« sei. Auf das Sterben solle man sich als Gottes Strafe einstellen und die Angst davor als Werk des Teufels durchschauen.[19] Angesichts der Epidemie, der Schwerkranken in vielen Häusern und der Toten in den Straßen, des Verwesungsgestanks, kommt ihm Psalm 118 in den Sinn, den er gemeinsam mit der Wittenberger Kirchengemeinde betet:

Gelobt sei, der da kommt im Namen des HERRN!
Wir segnen euch, die ihr vom Hause des HERRN seid.
Der HERR ist Gott, der uns erleuchtet.
Schmückt das Fest im Maien bis an die Hörner des Altars!
Du bist mein Gott und ich danke dir;
mein Gott, ich will dich preisen.[20]

Jesus und der Blinde

Was für eine (gotteslästerliche) Vorstellung ist das, wenn behauptet wird, Krankheiten seien eine Strafe Gottes und die Pest ein Unheil, das Gott geschickt habe?

Jesus hat völlig anders gedacht und gehandelt. Als er einen Mann sah, der seit seiner Geburt blind war, fragten ihn seine Jünger: Rabbi, wer hat gesündigt? Er selbst? Oder haben seine Eltern gesündigt, so dass er blind geboren wurde? Jesus antwortete, weder er noch seine Eltern haben gesündigt, und er heilte den Blinden zum großen Ärger der Pharisäer sogar am Sabbat.[21]

Wenn man diese Geschichte liest, wird einem angesichts der blasphemischen Vorstellung von Gott warm ums Herz, wenn man an Jesus denkt.

Keine dummen Fragen stellen

Luther war sein Leben lang von Krankheiten geplagt, vor allem von Nieren- und Blasensteinen und deren blutigen Abgängen. Man hat ihn ergebnislos mit goldenen Steinschneidern und Klistieren, extra vom Fürsten geschickt, traktiert. Er hadert mit Gott, macht aber letztendlich die eigenen Sünden mitverantwortlich.

Er habe, so sein Biograph Martin Brecht[22], schon mal gegen Gott aufbegehrt, aber denselben natürlich nicht in Frage gestellt, sondern problematisiert, warum Gott zulasse, dass er vom Teufel so geplagt werde. Im Übrigen dürfe man Gott so etwas gar nicht fragen, das wäre Blasphemie und schon wieder eine Sünde. Luthers Gott solidarisiert sich nicht wie Jesus mit dem Leid der Menschen, sondern lässt sie darin allein.

Berühmt berüchtigt ist das »Töpferargument« des Apostels Paulus:

*Ja, lieber Mensch, wer bist Du denn,
dass Du mit Gott rechten willst?
Spricht so ein Werk zu seinem Meister:
Warum machst Du mich so?
Hat nicht ein Töpfer Macht über den Ton,
aus demselben Klumpen ein Gefäß
zu ehrenvollem und ein anderes zu nicht ehrenvollem
Gebrauch zu machen?*[23]

Wenn schon Kloschüsseln für einen Vergleich mit Kranken und Behinderten herhalten müssen, muss man sich nicht wundern, dass die ganze Metapher darauf hinausläuft, dass alle am besten die Klappe halten.

Man soll also nicht die Frage stellen dürfen, was es mit Gottes Schöpfungsplan auf sich habe, wenn das eine Kind mit Down-Syndrom, ein anderes ohne auf die Welt komme.

Luthers hilflose Erklärung in einer seiner Tischreden lautete: »Gott hätte wohl die Welt mögen ungeschaffen lassen, aber er hat sie geschaffen, um seine Herrlichkeit und Macht zu erweisen. Man soll unsern Gott nicht fragen: Warum hast du das getan?«[24] Auf gut Deutsch gesagt: Der Mensch soll keine dummen Fragen stellen, sondern dankbar sein für Gottes Güte. Für das Geschenk von Getreide, Gerste, Bier, Milch, Käse, Butter, Hühnern und Schweinen und der Erlösung von der Sünde, und er soll den Zorn Gottes fürchten wegen seiner Sünden.

Freier Wille

Die raffinierteste Erfindung der Theologie, um das Übel dieser Welt zu erklären, ist der »freie Wille«: dass nämlich Gott von den Menschen geliebt werden wolle und dies nur dann wertvoll sei, wenn sie auch die Freiheit hätten, ihn nicht zu lieben. Aber was ist das für ein Gottesbild? Will Gott geliebt werden, und nimmt er dafür in Kauf, dass Menschen ihre Freiheit zu Ungeheuerlichkeiten missbrauchen in Auschwitz, durch Pol Pot, den »Islamischen Staat«, Terrorakte mit schweren Lkws in Nizza und auf einem Berliner Weihnachtsmarkt? Dostojewskis Romanfigur Iwan Karamasow wollte deswegen die »Eintrittskarte« in die Schöpfung zurückgeben.[25]

Menschen und Teufel sind schuld

Die Theologie behauptet auch, Gott müsse sich für das Übel nicht rechtfertigen, denn er habe es ja nicht verursacht, sondern die Menschen selber, die das Böse auf dieser Welt produzierten. Dies könne man nicht einem Gott in die Schuhe schieben: Merkmale des Bösen wie Aggression, Frevel, Unmoral, Gemeinheit, Niedertracht, Hass, Rachsucht, Neid, Zerstörung, Krebs, Verbrechen. Die Liste ist nicht vollständig. Es fehlen Katastrophen wie Erdbeben, Tsunamis, Vulkanausbrüche. (Fracking zum Beispiel ist nur minimal für solche Katastrophen verantwortlich.) Und wenn wir die Schuldfrage beiseitelassen, also nicht danach fragen, ob Verbrechen bedingt seien durch falsche Erziehung, Krankheiten, psychische Störungen, genetische Veranlagung, »Fehlverdrahtung« im Gehirn? Selbst dann stellt sich unweigerlich auch hier die Frage: Woher kommt das, wer hat es ermöglicht, dass Menschen so veranlagt sind, dass sie etwa sexuell wie Pädophile programmiert sind? Gibt es Dämonen, Hexen und Teufel, und deswegen eine Hölle für böse, sündige Menschen?
Für Luther waren Teufel und Hexen eine Realität:

Die Zauberer oder Hexen, das sind die bösen Teufelshuren, die da Milch stehlen, Wetter machen, auf Böcken und Besen reiten, auf Mänteln fahren, die Leute schießen, lähmen, verdor-

ren, die Kinder in der Wiege martern, die ehelichen Gliedmaßen bezaubern, die da können den Dingen eine andere Gestalt geben, dass eine Kuh oder Ochs scheinet, das in der Wahrheit ein Mensch ist, und die Leute zur Liebe und Buhlschaft zwingen und des Teufels Dinger viel.[26]

Und in seinem »deutschen Katechismus« von 1529 heißt es:

Du sollst nicht andere Götter haben ... Hierher gehören auch, die es gar zu grob treiben und mit dem Teufel einen Bund machen, dass er ihnen Geld genug gebe oder zur Buhlschaft helfe, ihr Vieh bewahre, verlorenes Gut wiederbeschafft usw., wie die Zauberer und Schwarzkünstler. Denn diese alle setzen ihr Herz und Vertrauen anderswo, denn auf den wahrhaftigen Gott, versehen sich kein Gutes von ihm, suchens auch nicht bei ihm.[27]

In einer Talkshow, an der der Wissenschaftler und Autor Richard Dawkins, der damalige EKD-Vorsitzende Bischof Wolfgang Huber, der Hamburger Weihbischof Hans-Jochen Jaschke und ich teilnahmen, konnte keiner den Vorwurf Dawkins' bestreiten, wonach beide Kirchen von der Existenz einer Hölle ausgingen. Huber meinte aber, das sei zwar richtig, nur es säße niemand drin. Das war jedenfalls eine plausible, systemgerechte Erläuterung.

Hexenverbrennung im Namen Gottes

Zauberinnen wollte Luther hingerichtet sehen als Strafe für die angerichteten Schäden, und die Wettermacherinnen sollten den Folterknechten übergeben werden. Der bedeutendste Theologe der Frühkirche, Origenes, wurde nie heiliggesprochen, weil er die Existenz des Teufels und der ewigen Hölle bestritten hatte. Aber wer trägt nun die Verantwortung für das Leid, das Psychopathen, Sadisten und andere geistig Gestörte anderen Menschen angetan haben? Haben wir ein duales Weltsystem, in dem das institutionalisierte oder personifizierte Böse Macht ausüben kann? In dem es in Entscheidungen und Entwicklungen der Menschen destruktiv und menschenfeindlich eingreifen und die Ohnmacht eines liebenden Gottes vorführen kann? Ein Gott müsste dann doch ebenso auf die Schicksale und Geschichten der Menschen einwirken können. Entweder es gibt ihn und er tut es nicht, weil er nicht kann und nicht will – dann ist dies nicht ein Gott des Evangeliums –, oder es gibt ihn nicht.

Willkür Gottes

Es gibt eine unglaubliche Geschichte, die der Apostel Paulus im 9. Kapitel des Römerbriefes vom Gott des Alten Testaments erzählt (nicht die einzige pathologische Darstellung Gottes im Alten Testament). Rebekka hatte von Isaak Zwillinge empfangen, Esau und Jakob. Esau war der Erstgeborene. Dennoch sagte Gott: Der Ältere muss dem Jüngeren dienen; denn es steht in der Schrift: Jakob habe ich geliebt, Esau aber gehasst.[28]

»Was sollen wir nun hierzu sagen?«, war der paulinische Kommentar: »Ist denn Gott ungerecht? Das sei ferne! Denn er spricht zu Mose: ›Wem ich gnädig bin, dem bin ich gnädig, und wessen ich mich erbarme, dessen erbarme ich mich.‹ So liegt es nun nicht an jemandes Wollen oder Laufen, sondern an Gottes Erbarmen … So erbarmt er sich nun, wessen er will, und verstockt, wen er will.«[29] Aus dieser Willkürgeschichte muss man – wie schon Paulus und Augustinus – schließen, dass das Tun des Menschen vorherbestimmt sei. Dies glaubte auch Luther und geriet dadurch in einen erbitterten Konflikt mit Erasmus von Rotterdam. Ein Konflikt, der bis heute unter den Theologen nicht gelöst ist. Und wie ist diese göttliche Prädestination vereinbar mit dem freien Willen des Menschen, sich für oder gegen Gott entscheiden zu können?

Lob Gottes

Immer, wenn ich in meinem Haus ein Kaminfeuer anmache und Holz nachlege und die Hitze spüre, muss ich wie mit einer Obsession an die Scheiterhaufen denken, auf denen im Namen Gottes vor vierhundert Jahren Menschen lebendig verbrannt wurden. Verbrannt, weil sie etwas anderes glaubten, als Staat und Kirche für richtig hielten. Oder weil sie als Hexen denunziert und angeklagt wurden. Es gab in Europa große Aufregung, als der jordanische Pilot Muaz al-Kasaesbeh von Schergen des »IS« in einem glühenden Eisenkäfig nackt vor laufenden Kameras verbrannt wurde. Aber diese grauenvolle Hinrichtung, die vielleicht ein bis zwei Minuten dauerte, war harmlos im Vergleich zu den langen Qualen, denen die Ketzer ausgesetzt waren, auf deren Holzstößen die Hölzer langsam nachgeschoben wurden. Wenn Gott so existieren soll, wie die christliche Theologie ihn beschreibt, allwissend, allmächtig, allgegenwärtig »in allem, auch in den geringsten Kreaturen wie Gräslein und Blättlein an Bäumen«[30], so Martin Luther, dann war er auch in Auschwitz. Dann war er auch in der Hinrichtungsstätte Plötzensee und ist anwesend in Guantánamo, beim Foltern von Gefangenen in über einhundert Staaten dieser Erde mit offiziellen Foltermethoden, die im Polizeiunterricht sogar gelehrt werden, darunter allein in Syrien 36, zum Beispiel:

- Bastonade, Falaka oder Falanga: Schlagen auf die Fußsohlen mit einem speziell dafür angefertigten Stock;
- Treten gegen bestimmte Körperregionen: Bauch, Nieren, Genitalien, Brustkorb;
- Schlagen auf die Zähne mit der Faust;
- Hängen an Armen und Beinen;
- Ziehen von Zähnen, Fuß- und Fingernägeln;
- Anwendung von elektrischen Schlägen an empfindlichen Körperregionen (Genitalien, Zähne und so weiter);
- Erstickungsversuche durch:
feuchtes Submarino; Eintauchen des Körpers in eine mit Wasser, Blut, Fäkalien, Erbrochenem und so weiter gefüllte Wanne bis kurz vor dem Ersticken, was auch der neu gewählte US-Präsident Trump befürwortet;
- Sexuelle Nötigung in Form von Vergewaltigung, Einführung von Fremdkörpern (Flaschen, Holz, Eisen, Ratten und Spinnen) in die Genitalien und den Anus;
- Quälen der Ehefrauen des Opfers und seiner Kinder.

Als der König von Babel, Nebukadnezar, – so steht es im Alten Testament – ein goldenes Götterstandbild aufstellen ließ, weigerten sich die drei jüdischen Jünglinge Schadrach, Meschach und Abed-Nego, es anzubeten. Der König ließ sie darauf gefesselt in einen glühenden Feuerofen werfen, dessen Flammen »bis zu neunundvierzig Ellen hoch« aus dem Ofen herausschlugen. Ein Engel Gottes holte die drei Juden unversehrt wieder heraus, die daraufhin ihren berühmten Lobgesang auf Gott anstimmten.[31] Bis jetzt ist noch nie ein Mensch, auch keine Hexe, von Gott aus einer Folterkammer befreit oder vom Scheiterhaufen heruntergeholt worden – und wenn doch, warum dann nur der oder die eine und tausend andere nicht? Trotzdem wird in den Liedern der Christenheit, während auf der Welt ununterbrochen gefoltert und gemordet wird, Gott in den höchsten Tönen gepriesen. Auch in der Vertonung des Feuerofen-Lobgesangs, zum Beispiel im offiziellen katholischen Gesangbuch, Liednummer 281, Ausgabe Speyer. Egal ob Krieg, Folter, Krebs oder Erdbeben mit Tsunamis – die Christenheit betet, singt, lobt und preist und »dankt dem Herrn; denn er ist gut und seine Güte währet ewiglich« (Psalm 118).

Erbsünde

Alle bisherigen Antworten auf die Frage der Theodizee sind in höchstem Maße unbefriedigend, falsch, blasphemisch und nicht vermittelbar. Nichts geht mehr. Das hatte auch schon der intelligenteste, wenn auch frauenfeindlichste Kirchenvater, der Bischof von Hippo, Augustinus, erkannt. Er machte daher eine (mit einem Anfangsverdacht gegen Eva versehene) theologische Erfindung, deren Wahnsinn den Irrsinn jeder Rassenideologie weit übertrifft. Der Super-GAU aller faulen Ausreden lautet: Nicht Gott muss sich rechtfertigen, sondern der Mensch muss sich rechtfertigen. Wegen der Sünden, die auf die Ursünde des Menschen zurückgehen und von der die gesamte Menschheit befallen ist.

Seine These, die nach wie vor zum Glaubensinhalt der beiden Kirchen gehört, lautet: Die ersten Menschen, Adam und Eva, hätten eine Ursünde begangen, die sich von Generation zu Generation durch Geschlechtsverkehr auf die ganze Menschheit vererbt habe. Er behauptete, die Menschheit sei ausnahmslos total verdorben, »eine elende Sündenmasse«, der einzelne Mensch »ein einziger Klumpen Dreck«, der seit Adam durch den Sexualakt von Mensch zu Mensch übertragen wurde. Luther nahm diesen Gedanken auf, und ihm zufolge haben wir Menschen eine »tiefe Verkrümmtheit und Verderbtheit ... und Bosheit in unserer Natur«[33]. Ob der

Mensch nun total verdorben ist oder nur der Konkupiszens, der Begierlichkeit zum Schlechten, vor allem dem Sexuellen (wie katholische Theologen die Erbsünde interpretieren), verfallen ist, kann dahingestellt bleiben. Aber die christliche Theologie zieht daraus den Schluss, dass Gott sich nicht für das Leid auf dieser Erde zu rechtfertigen habe. Das ist die simpelste Lösung und Antwort auf die Frage nach dem gerechten Gott. Wie Hiob sollen wir die Faust in der Tasche lassen und, ich wiederhole, keine dummen Fragen stellen.

Das poliokranke Kind Alan Michaels, das noch nie gesündigt hatte, müsste also büßen für die Sünde zweier ihm völlig unbekannter Menschen vor zirka vierhunderttausend Jahren. Müssten auch die noch gar nicht geborenen Kinder der Zukunft dafür büßen? Dies ist die verbindliche Lehre der katholischen Kirche, auf dem Trienter Konzil als Dogma beschlossen, und wer daran nicht glaubt – *anathema sit* – ist verflucht und ausgeschlossen. Für die evangelische Kirche ist der Mensch bekanntlich ohnehin von Grund auf verdorben.

Die Verzweiflung, in die gläubige Menschen mit dieser Theorie gestürzt werden, ist beabsichtigt. Sie können davon laut der katholischen Kirche nur durch Taufe und Buße befreit werden, also durch Reue, Beichte, Gebete (zum Beispiel fünf Vaterunser und Ave-Maria pro Sünde), aber auch durch gute Werke, zum Beispiel durch Geldspenden. Laut evangelischer Theologie nur durch die Gnade Gottes.

Wie soll man das, was schon zwei Milliarden Christen kaum begreifen, an die fünf Milliarden Nichtchristen auf dieser Welt weitergeben und sie davon überzeugen? Auch »Die gemeinsame Glaubenserklärung« kommt ohne die Erbsünde nicht aus. Sie geht aber dummerweise von der Abstammung der gesamten Menschheit von einem einzigen ersten Menschenpaar aus. Dieser so genannte Monogenismus ist jedoch längst durch paläoanthropologische Erkenntnisse mehr als zweifelhaft geworden. Die Möglichkeit einer Entstehung der Menschheit aus mehreren – parallelen, aber voneinander unabhängigen – Evolutionslinien bringt die Erbsündenlehre zusätzlich an den Rand des Lächerlichen.

Rettung durch die Gnade?

Vor einiger Zeit hat ein mit mir weitläufig Verwandter gesagt, er sei aus der evangelischen Kirche ausgetreten. Auf meine Frage nach dem Warum antwortete er: Er sei es leid, jeden zweiten Sonntag, wenn er in die Kirche gehe, vom Pastor von der Kanzel herab verkündet zu bekommen, dass er ein sündiger Mensch sei und dass er dies anschließend im Gottesdienst auch noch singen müsse. Er habe einmal die letzten Monate rückwirkend Gewissenserforschung betrieben und es seien ihm gar keine Sünden eingefallen. In so einem Laden wolle er nicht bleiben.

In der EKD-Denkschrift *Rechtfertigung und Freiheit* aus dem Jahre 2014 wird quasi als Entschuldigung gesagt, dass die Grundgedanken der Rechtfertigungslehre auch schon früher, in der Theologiegeschichte der alten Kirche, enthalten gewesen seien. Das ist wahr, vor allem Paulus, Augustinus und Tertullian tragen die Verantwortung für die theologische Verleumdung der Menschen. Menschen wie meine Eltern oder die Krankenschwestern in der Sozialstation, deren Vorsitzender ich bin. Oder heiligmäßige Menschen wie Anne Frank und Edith Stein, wie der Jesuit Alfred Delp, der Franziskaner Maximilian Kolbe oder der protestantische Theologe Dietrich Bonhoeffer: Menschen, die für ihren Glauben mit ihrem Leben einstanden und von den Nationalsozialisten hingerichtet wurden. Ist tatsächlich jeder Mensch, von Mozart bis Albert Schweitzer, ein Haufen Dreck, der ihm durch den Geschlechtsverkehr seiner Eltern vererbt worden ist? Die

Denkschrift beklagt, dass in Eisleben, dem Geburtsort Luthers, nur noch sieben Prozent der Leute getauft seien. Das ist kein Wunder.[32]

Warum wollen die Kirchen diese schwere Verletzung und Beleidigung der menschlichen Würde nicht aus der Welt schaffen? Es kann einen der heilige Zorn packen, wenn man weiß, dass alle diese theologischen »Wahrheiten« in den Evangelien nicht zu finden sind und von Jesus nie gesagt wurden. Evangelische und Katholiken beten im gemeinsamen Nicänischen Glaubensbekenntnis: »Wir glauben an den einen Gott, den Vater, den Allmächtigen, der alles geschaffen hat, Himmel und Erde, die sichtbare und die unsichtbare Welt.« Also ein Schöpfer dieses sündigen Dreckklumpens. Und sie weigern sich zu antworten, warum der Schöpfergott überhaupt eine Welt voller Dreckklumpen ermöglicht hat, die erlöst werden muss.

Bis zum Reformationsfest sollten die Kirchen diesen Irrtum, diese wahre Häresie, aus der Welt schaffen, wenn sie wollen, dass in Eisleben und anderswo wieder mehr Menschen Freude empfinden, wenn sie an Gott und Christus denken.

Welches Gottesbild?

Welches Gottesbild steht hinter diesen Antworten?

Gott ist der gnädige, zornige, leidende, majestätische, allmächtige, wunderbare, gütige, wohltätige, in Wort und Werk sichtbare, sonst aber unsichtbare, unverzichtbare, treue, wahrhaftige, barmherzige, richtende, dreifaltige, Mensch gewordene, von einer Jungfrau geborene, gleichwohl ewige Gott. Ein vermenschlichter, aber verabsolutierter Gott, der auf Bitten und Gebete hört oder auch nicht, der Krankheiten heilt, aber nicht bei jedem. Der Luther erleuchtet, aber den

Papst mit Blindheit schlägt, der die einen durch Christus zum Vater kommen und die anderen »in ihren Sünden sterben und verderben« lässt.[34] Gott zürnt, eifert, straft, übergibt uns den Feinden, schickt uns Pest, Hunger, Schwert und andere Plagen, weil er uns wohlwill.[35] Es ist ein Gott, der Leid nicht vernünftig erklärbar macht, aber zur Erziehung und Strafe selbst verursacht.

Aber wer hat das so eingerichtet? Was für ein Sinn soll darin liegen, das Leben in zwei Teile aufzuspalten, einen ersten (für die meisten) mit sinnlosen Krankheiten und nicht begründbarem Leid und einen zweiten mit Glück und Seligkeit? Die diesseitige leidvolle und sinnlose Welt wird doch nicht dadurch sinnvoll, dass ihr eines Tages eine andere folgt. Real ist allein die hiesige, die jetzige Welt mit ihren unmenschlichen Bedingungen, die neue, die andere Welt hat noch niemand gesehen. Aber diese andere Welt soll der Ort sein, an dem Verbrechen, Not, Qual und Krankheit, das Böse überhaupt keinen Platz haben: der Himmel. Wenn das so ist, muss es einen Gott geben, der die Verantwortung trägt für beides: die Hölle dieser Erde und den Himmel im Jenseits. Doch damit nicht genug: Gott macht auch, dass es Menschen gibt, die Gottlosen, Unbußfertigen, vom Teufel Besessenen, die nie in das neue paradiesische Leben gelangen, sondern von der Hölle auf Erden in die noch tiefere, noch schrecklichere Hölle gestoßen werden.

Erkenntnis

Es ist nicht vorstellbar, dass es einen Gott gibt, der dies will und akzeptiert und als *deus absconditus*, als verborgener Gott, wie die Theologie sagt, dem Ganzen einfach zuschaut. Warum versteckt er sich? Er hat sich, seit es Menschen gibt, noch nie gezeigt. In der Gestalt von Jesus? Es sei denn, die

Auferstehung ist kein Märchen. Davon wissen aber fünf Milliarden Nichtchristen so gut wie nichts.

Es bleibt die brutale Erkenntnis: Es gibt keine Antwort, wir wissen nichts von ihm, wir kennen ihn nicht und sollen das glauben, was andere, die ihn aber auch noch nie gesehen haben, von ihm erzählen. Das ist dann die Theologie. Kein Grund zu zweifeln? Sind wir der Sinnlosigkeit ausgeliefert? Müssen wir verzweifeln, uns totsaufen?

Was hat Jesus gemeint?

Jesus muss man aus dieser Sündentheologie der Kirchen heraushalten. Man muss ihn vor dieser Theologie retten. Hat denn Jesus nicht etwas ganz anderes gemeint? In der Bergpredigt macht Jesus ausdrücklich den Trauernden und den Verfolgten Mut, und zwar in dieser Welt. Also Menschen, die sich in einer seelisch schwierigen Situation befinden, ohne dass sie gesündigt haben. Man kann nur ahnen, wie viele Menschen von der Verurteilung durch ihre Mitmenschen, dem Nachbargetuschel und Gerede in ihrer Umgebung betroffen sind, heute wie damals: im Examen durchgefallen, gescheitert, die Ehe kaputt, im Büro gemobbt, krank oder behindert, unglücklich im Leben. Viele denken, sie seien minderwertig, fühlen sich schlechter als andere und zweifeln am Sinn und an der Berechtigung ihrer eigenen Existenz.

Aber nun kommt Jesus und sagt: Alles falsch, kümmert euch nicht darum, was andere über euch reden, wie sie über euch urteilen und wofür sie euch die Schuld geben, ihr seid nicht ein Klumpen Sündendreck, sondern in eurer Würde unantastbar, weil sie in Gott verankert ist. Niemand kann euch diese Würde nehmen. Ihr seid unabhängig vom Urteil anderer Leute. Diese frohe Botschaft ist eine Botschaft der Befreiung mitten im Leben. Eine Befreiung, die es den Menschen ermöglicht, aufrecht durchs Leben zu gehen, selbst wenn sie nach menschlichen Leistungsmaßstäben versagt, Fehler begangen und Ansprüchen nicht genügt haben. Die einfache Botschaft, dass der Wert der Menschen nicht von ihrer Leistung und Leistungsfähigkeit abhängt, weil sie eine eigene Würde besitzen, die in Gott verankert und also unantastbar ist, hätte den Kern der Frage getroffen.

Gibt es noch eine Hoffnung?

II

Sehnsucht und Hoffnung

Von hundert Menschen sterben hundert

Angesichts der Wirklichkeit auf dieser Erde muss man an Gott zweifeln. Kann man aber auch daran zweifeln, dass es Gott nicht gibt? Nicht zweifeln, das haben wir gesehen, kann man daran, dass es den Gott, wie ihn die christlichen Theologen darstellen, nicht geben kann.

Aber gibt es einen anderen, von der christlichen Theologie weitgehend bereinigten Gott? Im Januar 2017 hat die zuständige Institution der UNO die Zahl der auf der Erde lebenden Menschen auf 7,5 Milliarden geschätzt. Davon sind ungefähr zwei Milliarden getaufte Christen; 5,4 Milliarden sind entweder Atheisten oder gehören zu anderen Religionen mit jeweils verschiedenen Vorstellungen von Gott. Die 1,2 Milliarden Muslime beten zu Allah, die Juden zu Jahwe des Alten Testaments. Die Hindus kennen den absoluten Ursprung des Seins, Brahman, in dem das Atman, das heißt die Seele, der Geist des Menschen, aufgeht und mit dem es eins ist. Die Buddhisten glauben an die Wiedergeburt des Menschen. Juden, Hindus und Muslime wissen ebenso wenig eine Lösung für die Frage nach der Gerechtigkeit Gottes wie die Christen. Im Buddhismus »erlöst« sich der Mensch durch Bildung, Wissen, sittliches Leben und Meditation und geht dadurch ins Nirwana ein, ins »Erlöschen«, in das Ende von Gier, Hass und Leid. Der Religionshistoriker Georges Minois schätzt in seiner Geschichte des Atheismus die Zahl der Atheisten auf weltweit 262 Millionen, die Zahl der so genannten Agnostiker, die die Frage nach der Existenz Gottes für ungeklärt, unerklärbar und letztlich irrelevant halten, auf 1,071 Milliarden, also 1,333 Milliarden Menschen ohne Religion.[36] In Deutschland gibt es drei annähernd gleich große relevante Gruppen: 25 Millionen Protestanten, 26 Millionen Katholiken und 30 Millionen, die keine Kirchensteuer bezahlen.[37] Über die Zahl der Gläubigen und der Ungläubigen geben diese Zahlen keine exakte Auskunft, weil sich die Angehörigen beider Gruppen in den drei Lohnsteuergruppen wiederfinden.

Wie dem auch sei: Die Zahl der Gottgläubigen ist weltweit und auch in Deutschland wesentlich höher als die Zahl der Zweifler, Agnostiker und Atheisten. Es muss also auch Argumente geben, die vielen Menschen die Existenz (eines) Gottes nahelegen. Der letzte Weltkrieg hat über fünfzig Millionen Tote gekostet. Es sind aber nicht mehr Menschen umgekommen, als ohnehin gestorben wären. Die Statistik des Todes ist eindeutig: Von hundert Menschen sterben hundert, wobei es im Lebensalter und in den Todesumständen natürlich erhebliche Unterschiede gibt. Aber in einem sind sich die meisten einig – es sei denn, sie wünschten sich vor Schmerzen den Tod –, dass sie sich nicht damit abfinden wollen, dass es hinterher nicht irgendwie weitergehe. Was auch wieder davon abhängt, ob es einen Gott gibt.

Tod als Provokation

Der Tod ist für die meisten Menschen eine glatte Provokation, auf die sie nichts zu erwidern haben. Sie weichen aus oder ergeben sich in ihr Schicksal, obwohl sie damit überhaupt nicht einverstanden sind. Am liebsten würden sie sterben, ohne es zu merken, und natürlich als Allerletzte. Für viele ist es schlimm, dass sie Woche für Woche älter werden und der Tod immer näher rückt. Für die meisten Männer sind die ersten Anzeichen von Impotenz die deutlichsten Signale für das Auslaufen des Lebens. Thomas Mann hat dieses Erlebnis in seinem Tagebuch festgehalten: »Das Alter zeigt sich darin, dass die Liebe von mir gewichen scheint und ich seit langem kein Menschenantlitz mehr sah, um das ich trauern könnte.«[38] Alter sei nichts für Feiglinge, sagte Goethes Leibarzt Christoph Wilhelm Hufeland. Sein Patient, Goethe, war mit seinem Tod überhaupt nicht einverstanden. Er hatte wie die meisten Menschen Angst vor dem langsamen Dahinsiechen, oft verbunden mit qualvollen Krankheiten.

Wahrscheinlich sehen sich die meisten Menschen einem ungewissen Schicksal ausgeliefert, je näher das Ende des Lebens kommt. Es gibt Philosophen und Künstler, die dem Tod mit Gelassenheit, sogar mit Galgenhumor entgegensehen. Woody Allen sagte: »Ich habe keine Angst zu sterben. Ich möchte nur nicht dabei sein, wenn es passiert.« Tucholsky bedauerte sich schon im Voraus: »Ach, ich werde mir doch mächtig fehlen.«[39] Und der Kabarettist Werner Finck ließ auf seinen Grabstein schreiben: »Du stehst noch hier und ich ging hin, bald bist du dort, wo ich schon bin.« Man wünschte sich, alle Leute könnten so sterben wie Epikur – in der Badewanne sitzend, ein Glas Wein in der Hand und im Gespräch mit Freunden – oder wie mein Schwiegervater, der bei voller geistiger Präsenz, 104 Jahre alt, langsam verhungerte, ohne dass ihm dies auch nur die geringsten Schmerzen bereitet hätte.

Es ist kein Trost und keine Antwort, wenn man feststellen muss, dass ohne den Tod der Menschen, aber natürlich auch der Tiere, das Leben auf der Erde wegen Überbevölkerung längst am Ende wäre. Der Tod ist sozusagen programmiert auf die Entwicklung weiteren Lebens. Die Frage, wie Leben überhaupt entstand, ist für unser Problem nur wegen der Frage interessant, warum mit der »Evolutionierung« des Lebens Schmerzen, Qualen und Gefressenwerden verbunden sein müssen. Ein schlimmes Beispiel sind die Schlupfwespen, die auch Darwin nicht leiden konnte. Sie lähmen ihr Opfer – etwa eine Raupe –, ohne es zu töten, und legen dann darin ein Ei ab, damit die Larve die Raupe von innen auffressen kann. Und zwar so, dass die Raupe möglichst lange am Leben bleibt. Die Frage an die Kreationisten: Das soll der liebende Gott im Rahmen eines »Intelligent Design« speziell so geschaffen haben? Im Übrigen: Was die Larve der Raupe, ist der Krebs dem Menschen.

Wirklichkeiten jenseits des Verstandes

Das Sterben und der Tod sind nicht der einzige Grund, um über die problematische Existenz Gottes nachzudenken. Dazu gehört, dass es Wirklichkeiten gibt, die man mit der Vernunft nicht erfassen kann. Und nicht alles, was wir mit der Vernunft erfassen können, ist für unser Leben wichtig. Der gekrümmte Raum ist schlecht vorstellbar – aber eine Realität. Gibt es eine Zeit vor der kosmischen Singularität, vor dem Urknall? Stimmt die Beschreibung unseres expandierenden Universums, in dem der ganze Raum durch die kollektive Gravitation von Hundertmilliarden Galaxien gekrümmt wird? Es könnte auch bloß ein Fragment sein, Teil eines noch viel größeren Universums, in dem ein Urknall nach dem anderen stattfindet und in dem vielleicht andere Gesetze gelten.

Science-Fiction-Filme wie *Raumschiff Enterprise* mit Captain Kirk haben Dimensionen in unsere Vorstellungswelt gebracht, die unwirklich scheinen, aber es nicht unbedingt sein müssen. Beispielsweise merken wir die Auswirkungen der Relativitätstheorie nicht, der zufolge mit der Beschleunigung eines Gegenstandes die Zeit des Beobachters langsamer vergeht. Jeder Gegenstand nimmt an Masse zu, je schneller er sich bewegt. Das hat zur Folge, dass die Triebwerke die Geschwindigkeit eines Raumschiffes zunehmend weniger effektiv erhöhen können. Das Raumschiff wird, je schneller es sich bewegt, immer kürzer. Bei Lichtgeschwindigkeit, das sind 299783 km/sec, hört die Zeit auf, das Raumschiff hat die Länge null, und seine Masse ist unendlich.

Aus dem Staunen wird Nachdenklichkeit, es gibt Parallelen zu Erkenntnissen der Kosmologie und der unterschiedlichen religiösen Vorstellungen. Im Buddhismus etwa die ewige Wiederkehr. Oder in Indien der Brahma-Tag und die Brahma-Nacht der Welt, die sich ausdehnt, zusammenfällt, wieder ausdehnt und wieder zusammenfällt. Das passt zu dem pulsierenden Modell des Universums, wonach es nach einer gigantischen Ausdehnung wieder zu einer Kontraktion kommt bis zum *big bang*, um dann erneut zu explodieren. Im Gegensatz dazu steht die Idee von der fortwährenden Ausdehnung des Weltalls bis zu seinem Ende im Kältetod des kosmologischen Nirwana. Das entspricht eher den jüdischen und christlichen Vorstellungen vom Ende dieser Welt. Die Probleme der Theodizee verschwinden dann ebenfalls im Nirwana. Wegen der Entropiegesetze ist die erste Variante, also die der Wiederholung, weniger wahrscheinlich, behauptet die Mehrheit der damit befassten Wissenschaftler. Aber genau weiß man es auch nicht.

Naturwissenschaften und Gott

Über lange Jahrzehnte haben die meisten Naturwissenschaftler davor gewarnt, an die Existenz eines Gottes zu glauben. Inzwischen ist aufgrund der Folgen naturwissenschaftlicher Erkenntnisse ein Umdenken erkennbar. Der Super-GAU von Fukushima hat in Deutschland zum Ausstieg aus der friedlichen Nutzung der Kernenergie geführt. Die übrige Welt wird folgen. Die Existenz der Atombombe bedeutet die realisierbare Option für eine totale Zerstörung der menschlichen

Zivilisation, ja des menschlichen Lebens insgesamt. Der Klimawandel und die unreflektierten Manipulationen in der Gentechnologie konfrontieren die naturwissenschaftlichen Forscher mit den Folgen ihres Tuns: Sie müssen sich ethischen Fragen stellen. Edward Teller, der Erfinder der Wasserstoffbombe, vertrat noch die Auffassung, dass der Mensch alles, was er wissenschaftlich begründet machen könne, auch tun müsse. Heute stehen wir vor der Frage nach dem Sinn des menschlichen Lebens, ob alles dem Menschen Mögliche auch das dem Menschen Gemäße ist. Oder ob, um Edward Teller umzukehren, der Mensch alles, was er tun kann, auch tun darf. Das Problem der ethischen Verantwortung umfasst das gesamte menschliche Tun und wird zur Ursache schwerwiegendster globaler Auseinandersetzungen. Der milliardenfache Missbrauch der modernen Kommunikationstechnologie im Internet zwingt die Politik – aber nach welchen Grundsätzen? – zum Eingreifen. Der Milliarden Dollar schwere Datentransfer in 59 Millisekunden – sechs Millisekunden schneller bringen ein Plus von mehreren hundert Millionen Dollar – zwischen den Finanzplätzen London und New York entzieht sich jeder Kontrolle. Und ob der Mensch im Straßen- und Geschäftsverkehr zukünftig durch Roboter ersetzt werden soll, kann zwar wissenschaftlich-technisch bejaht werden. Aber die Frage, ob die Menschen dies tun sollten oder besser nicht, kann von der Naturwissenschaft nicht beantwortet werden. Sie stößt an ihre ethischen Grenzen und damit auf die Frage nach dem Sinn des Lebens. Eine Antwort darauf zu wissen, hieße religiös sein, meinte Albert Einstein, der zwischendurch auch mal der Auffassung war, die streng kausale Gesetzmäßigkeit allen Geschehens lasse sich nur durch die Existenz eines Gottes erklären. Nun wird aber gerade diese Gesetzmäßigkeit wiederum naturwissenschaftlich etwa durch die Quantentheorie bestritten.

Die Unbestimmtheitsrelation

Die Physiker Werner Heisenberg und Erwin Schrödinger haben nachgewiesen, dass man nicht mit Gewissheit, sondern nur noch mit Wahrscheinlichkeit voraussagen kann, was ein Lichtquantum, das sich paradoxerweise zugleich auch als schnell fliegendes kleines Teilchen und als Welle aufspielt, tun wird. Weiß man den Ort, kann man die Zeit nicht messen und umgekehrt. In einem berühmten Brief an den Physiker Max Born schreibt Einstein, eine innere Stimme sage ihm, dass die Quantenmechanik doch nicht der wahre Jakob sei, und dem Geheimnis des Alten bringe sie uns kaum näher; er sei davon überzeugt, dass Gott nicht würfele.[40]

Andere große Physiker sehen in dieser Unbestimmtheit etwas Positives für die Aufklärung dieses Rätsels. Max Born, der Lehrer von Heisenberg, ließ sich durch diese Teilchenwellendualität nicht stören. Er entdeckte darin etwas Tieferes, was nicht nur in der Physik, sondern auf dem ganzen Gebiet der Naturwissenschaften eine Rolle spielt: nämlich die Unfähigkeit, etwas Ganzes in seiner Vielfalt gleichzeitig zu begreifen. So hat das Mathematikgenie Kurt Gödel, ein enger Freund Einsteins und Professor in Princeton, einen höchst umstrittenen mathematischen Gottesbeweis geführt, aber gleichzeitig unumstritten nachgewiesen, dass ein Zahlensystem, das in sich widerspruchsfrei ist, niemals vollständig sein kann. Das bedeutet, dass die Mathematik nie in der Lage sein wird, eine vollständige und gleichzeitig widerspruchsfreie Beschreibung der Wirklichkeit zu entwerfen. Stephen Hawking, Professor der Mathematik auf dem Lehrstuhl in Cambridge, den Isaac Newton innehatte, und Autor etwa des berühmten Buches *Eine kurze Geschichte der Zeit*, kam zu folgendem Ergebnis: Bei einer vierdimensionalen Kugel, nämlich der Raumzeit, ist es sinnlos, vom Anfang und Ende des Universums zu sprechen. So wie es sinnlos ist, vom Anfang und Ende einer Kugel zu sprechen. Sollte die Physik doch zu einer einheitlichen Theorie kommen, die alle physikalischen Rätsel der Welt erklärt, wäre kein Raum mehr für einen Schöpfer. Und Gott hätte gar keine Wahl gehabt, als er das Weltall schuf, sondern er hätte es so schaffen müssen, wie es ist. Eine solche endgültige Theorie würde Gott – und mit ihm alles Rätselhafte – aus dem Universum ausschließen. Und dadurch würden Mystizismus und Religion aus einer ihrer letzten Zufluchtsstätten, nämlich dem Ursprung des Universums, vertrieben.[41]

Im Jahr 2000 hat die Schweizer Zeitschrift *Das Magazin* eine ganze Ausgabe nur der Frage »Wo ist Gott« gewidmet und fünfzig Leute um eine Antwort gebeten.[42]

Fast jede Antwort ist anders ausgefallen. Bemerkenswert ist, was Steven Weinberg, Nobelpreisträger und bekennender Atheist, einräumte: Auch wenn die Physiker eines Tages ihr Äußerstes erreicht hätten, nämlich diese endgültige Theorie im Sinne Hawkings, dann hätten sie immer noch kein befriedigendes Bild der Welt. Denn auch dann werde die Frage nach dem »Warum?« offen sein. Ich zitiere mal aus dem Heft. »Warum diese Theorie und nicht eine andere? Warum zum Beispiel wird die Welt mit der Quantenmechanik beschrieben? Die Quantenmechanik ist der einzige Teil der heutigen Physik, der höchstwahrscheinlich auch in zukünftigen Theorien intakt bleiben wird, doch ist sie nicht die logisch einzig mögliche Theorie: Ich kann mir genauso gut ein Universum vorstellen, das der newtonschen Mechanik gehorcht. Es scheint hier also einen Rest Geheimnis zu geben, der sich durch die Wissenschaft nicht auflösen lässt.«[43]

Könnte dieses Restgeheimnis der Kosmologie Gott sein? Aber auch die Newtons Mechanik entgegengesetzte Sparte der Physik, die Quantenphysik, liefert uns keine klaren Ergebnisse in der Gottesfrage.

Das Higgs-Teilchen

Am 4. Juli 2012 gab es eine epochale Entdeckung der Quantenphysik. In der gigantischen, 27 km langen, unterirdischen Atomversuchsanlage der Europäischen Organisation für Kernforschung CERN (Organisation Européenne Pour La Recherche Nucléaire) kam es in der größten Maschine der Welt zu einem lang erwarteten Durchbruch: In dem Teilchenbeschleuniger LHC (Large Hadron Collider)[44] wurde der in der Teilchenphysik des Atomkerns neben Protonen, Neutronen, Up- und Down-Quarks noch fehlende »Baustein«, das nach seinem theoretischen Entdecker benannte Higgs-Teilchen, samt zugehörigem Higgs-Feld, endlich gefunden.

Die Theologie als Hindernis für die Naturwissenschaft

Es war eine der größten Entdeckungen, die Menschen in diesem Universum machen können, sagt der auch im Fernsehen bekannte Forscher Harald Lesch, Professor für Astrophysik an der Universität München. Die Presse sprach von der Entdeckung des so genannten »Gottesteilchens«, nach dem man fünfzig Jahre umsonst gesucht hatte. Dieser Begriff sorgte bei den beteiligten Forschern und beim überwiegenden Teil der Naturwissenschaftler für großen Ärger, weil durch ihn diese naturwissenschaftliche Entwicklung mystifiziert und in den Bereich der Theologie hineingezogen wurde. Tatsächlich war sie aber ein Triumph ausschließlich des Verstandes tausender Physiker. Sie war ein Werk der Vernunft, dem Instrument des menschlichen Geistes, »mit dem wir«, so Lesch, »verantwortlich und sinnvoll die Welt erforschen, verändern und vielleicht sogar verbessern können«[45]. Der Vatikan, die oberste Weltinstanz fürs Religiöse, erklärte dann auch sofort, dass durch diese Entdeckung an Gott nichts fehle. Das war historisch gesehen endlich eine richtige Reaktion, nachdem die katholische Theologie sich mit der Verurteilung Galileis für Jahrhunderte aus dem Kreis der Naturwissenschaften verabschiedet hatte und auch heute noch teilweise mit den Kreationisten liebäugelt. Die Theologie hat die Naturwissenschaften über Jahrhunderte behindert, bevormundet, verfolgt. In dem von Harald Lesch herausgegebenen Buch *Die Entdeckung des Higgs-Teilchens* wird das gestörte Verhältnis von Naturwissenschaft und Theologie kurz beleuchtet: Zum Beispiel habe im Jahr 1726 der Naturforscher Johann Jakob Scheuchzer ein seltsames Fossil gefunden: »Das eigentümliche Skelett (...) passte aber nicht in das vorherrschende biblische Weltbild, wonach die gesamte Welt in sieben Tagen erschaffen wurde, und zwar genau so, wie sie heute aussieht. Scheuchzer kam also zu dem Schluss, dass es sich bei dem merkwürdigen Skelett um die deformierten Überreste eines bei der Sintflut getöteten Sünders handeln musste. Erst einhundert Jahre später, als in der Geologie und der Biologie immer mehr die Vermutung aufkam, dass die Welt deutlich älter sein musste als in der Bibel beschrieben, gelang es dem Franzosen Georges Cuvier, das Fossil korrekt einzuordnen: als prähistorischen Molch. Es mag uns heute völlig verrückt erscheinen«, schreiben die Münchner Autoren des Lesch-Buches, »das Skelett eines Molches mit dem eines Menschen zu verwechseln. Aber genau das kann passieren, wenn Untersuchungen nicht ergebnisoffen geführt werden. Wenn von Anfang an klar ist, dass jeder Fund in das biblische Weltbild passen muss, dann wird eben alles passend gemacht. Viele der großen wissenschaftlichen Durchbrüche des 18. und 19. Jahrhunderts bestanden letztendlich darin, religiöse Dogmen zu überwinden. Das betrifft bei weitem nicht nur biologische und astronomische Erkenntnisse. Auch die moderne Chemie entstand erst durch die Verbannung der Magie aus der Alchemie. Die Herauslösung der Religion aus der Naturwissenschaft war ein anstrengender und bedeutsamer Prozess. Es ist schade, dass heute immer noch bestimmte Gruppierungen versuchen, mit spirituellen Scheinargumenten wissenschaftliches Arbeiten zu sabotieren.«[46] Es ist nicht nur schade, sondern ein Super-GAU der Dummheit, dass die Kreationisten die Evolutionsbiologie leugnen und einen Schöpfergott propagieren, an den vielleicht noch primitive Amazonas-Stämme glauben können, aber nicht mehr ein halbwegs gebildeter Mensch.

Die Entdeckung der Higgs-Teilchen hat zwar die Teilchenphysik komplettiert, worauf die Quantenphysiker fünfzig Jahre warten mussten, aber nicht die »Rätsel und Kuriositäten in der Welt der allerkleinsten Dinge« gelöst, wie sie Roman Zitlau, ebenfalls Astrophysiker in München, beschreibt.[47] »Materie besteht nicht aus Materie, Teilchen sind nur manchmal Teilchen.« Wir haben nur Teilerkenntnisse aus der bisher verborgenen »wahren Natur des Universums«. So kommt er zu einer naheliegenden Vermutung: »So wie ein Fisch im Aquarium vermutlich nie verstehen wird, wo er sich befindet oder was außerhalb seiner Welt ist, so hat gewiss auch der Mensch seine Grenzen in Bezug auf sein Verständnis vom Universum.«[48]

Er macht darauf aufmerksam, dass »alle Dinge, die wir im Universum beobachten und zumindest ansatzweise verstehen, stellen nur fünf Prozent des Universums dar. Von den restlichen 95 Prozent wissen wir lediglich, dass es sie geben muss. Man spricht in diesem Zusammenhang von Dunkler Energie (72 Prozent) und Dunkler Materie (23 Prozent)«. In das »Aquarium« gehören auch die Fragen nach der »Zeit« vor dem *big bang*, der »kosmischen Singularität«, der Existenz von zwei Welten im Universum: Fragen nach dem Kosmos der allergrößten Dinge (wie Galaxien und gekrümmte Räume) und der Ebene der allerkleinsten Dinge, »in der ein einzelnes Objekt gleichzeitig durch zwei verschiedene Löcher fliegen kann, um dann noch mit sich selbst zusammenzustoßen«[49]. Oder die Frage nach dem Woher der Kräfte, die die Welt im Innersten zusammenhalten: die Schwerkraft, die so genannte starke Kernkraft und die elektromagnetische Kraft, die schwache Kernkraft. Und die Existenz von so genannten virtuellen Austauschteilchen, die den Kontakt zwischen den reellen Teilchen wie Protonen, Neutronen, Elektronen, Quarks und anderen ermöglichen – Phänomene zwischen Sein und Nichtsein, zwischen Leben und Tod im Mikrokosmos. In das »Aquarium« gehört auch die Tatsache, dass im Kern 99 Prozent der Masse eines Atoms stecken, die aber gar nicht der Masse seiner Bestandteile entspricht. Sondern vielmehr ein Effekt der Wechselwirkungsenergie seiner Quarks-Bausteine sind: »Was wir also in Wirklichkeit anfassen, wenn wir unser Bierglas heben, ist die manifestierte Energie der Wechselwirkungen, die seine ultraleichten Bestandteile aufeinander ausüben.«[50]

Aber was ist Energie? Und wie kommt es, dass »sämtliche Naturkonstanten des Universums dermaßen fein ›auf Leben eingestellt‹« sind, »dass selbst kleinste Änderungen« an nur einer einzigen Konstante »unsere Welt sofort in einen unbewohnbaren Ort verwandeln würden«[51]? Harald Lesch schreibt am Ende seines Buches »... die endlich erfolgreiche Suche nach dem Higgs-Teilchen hat nur den Boden, auf dem die Teilchenphysik steht, stabilisiert. Dieser Boden bildet die Basis des großen Tankers Physik, der sich nun seit über vierhundert Jahren durch den Ozean des Wissens bewegt. Die Mannschaften an Bord werfen unablässig ihre Netze aus, immer feiner werden die Maschen ihrer Jagdgeräte, um noch kleinere und noch exotischere Phänomene der Natur einzufangen. Und immer bleibt der Blick der Menschen an Bord auf den Horizont gerichtet: Was mag sich dahinter noch alles an Rätseln verbergen?«[52]

Vielleicht doch Gott?

Aber eine Antwort auf die Frage nach dem Leid der Menschen vermag auch die Teilchenphysik nicht zu geben. Die Zweifel an Gott bleiben, aber die Naturwissenschaften widerlegen die Existenz Gottes nicht. Und sie halten, so überraschend das klingen mag, ein Fenster, eine Tür offen für den Blick auf den Horizont, das »Restgeheimnis« der Kosmischen Singularität und des Universums.

Verbrechen im Namen Gottes

Die Theologie hat dem Glauben an Gott durch die Ablehnung naturwissenschaftlicher Erkenntnisse schwer geschadet. Noch schlimmer ist der Gedanke an Gott diskreditiert worden durch die Verbrechen, die Christen im Namen Gottes an anderen Menschen begangen haben.

Es gibt Politgangster, die ihre Verbrechen im Namen Gottes begehen. Sie reichen von den Kreuzfahrern, Großinquisitoren, Hexenverbrennern und islamistischen Terroristen bis zu den Mullahs, die Ehebrecherinnen bis über die Hüfte im Sand eingraben und steinigen lassen.[53] Man muss hier leider auch den amerikanischen Präsidenten George W. Bush nennen, der mit Lügen und Völkerrechtswidrigkeit den Irakkrieg begann und deshalb den Tod von über einhunderttausend Irakis auf dem Gewissen hat. Er ließ das Herzland des Islam zwischen Euphrat und Tigris von »christlichen Soldaten« besetzen, was der Besetzung Roms, Mailands, Venedigs und des Rheinlandes, inklusive Köln, durch saudische Truppen entspräche. Die Amerikaner haben durch dieses Kriegsverbrechen ihre ethische Integrität als Vormacht des Westens weltweit verloren. Zu den Leuten, die den Glauben an Gott diskreditieren, gehören auch Männer wie der katholische Pole Jarosław Kaczynski, der katholische Ungar Viktor Orbán und der Presbyterianer Donald Trump, die bewusst und absichtlich lügen, gegen Ausländer hetzen und Andersdenkende verfolgen.

Als Papst Urban II. auf dem Konzil von Clermont (1095) die Christen zum ersten Kreuzzug aufrief, versammelten sich die Zuhörer unter dem Ruf »*Deus lo vult*« (»Gott will es«). Als vier Jahre später Jerusalem von christlichen Kreuzzügen erobert wurde, hing noch tagelang ein süßlicher Verwesungsgestank über der Stadt. Die siegreichen Kreuzfahrer hatten viele Einwohner jeglicher Religionszugehörigkeit niedergemetzelt, auch Frauen und Kinder. Zeitzeugen berichteten, dass man bis zu den Knöcheln im Blut der Ermordeten gewatet sei.

Im Namen Gottes wütete Kaiser Theodosius I. (379–395) gegen die Anhänger des alten heidnischen Glaubens. Sie wurden als Hochverräter bestraft, was zur Folge hatte, dass alle Tempel und Heiligtümer des alten Glaubens im Reich zerstört wurden. Darunter das Serapeion von Alexandria, den Zeitgenossen das schönste und berühmteste Bauwerk des Ostens. Deus lo vult?

Etwa ab 1170 begann der Kaufmann Petrus Waldes in Lyon und Umgebung die apostolische Armut in der Nachfolge Christi zu predigen. Wegen seiner Kritik am ungeistlichen Leben der Kleriker und an der Lehrautorität der Kirche wurden die Waldenser in die Nähe einer anderen Bewegung gebracht, die sich seit Mitte des 12. Jahrhunderts ausbreitete: die Katharer (aus dem Griechischen *katharos*, »rein«), von denen sich das deutsche Wort »Ketzer« ableitet. Mit der Bekämpfung dieser religiösen Gruppen begann die Ketzerverfolgung. Deus lo vult?

In der älteren Kirchentradition findet man noch die Auffassung, dass gegen die Verbreitung von Häresie nicht mit Gewalt, sondern mit Predigt und Kirchenstrafen vorzugehen sei. Im Hochmittelalter aber wurden abweichende Meinungen zunehmend kriminalisiert. Hauptermittlungsmethode war nun die Inquisition, und die Strafen wurden verschärft. Sie reichten von der Vermögenskonfiskation über die Kerkerhaft bis zum Tod durch Verbrennen. Papst Gregor IX. (1227–1241) machte die Inquisition zum spezifischen Instrument der Ketzerbekämpfung und stattete den Dominikanerorden mit Spezialvollmachten inklusive der Folter für diese Aufgabe aus. Deus lo vult? Die Kolonisierung und Zwangsmissionierung Amerikas und Afrikas gehören bis heute zu den Ursachen des Unfriedens auf der Welt.

Adversus Judaeos

Das Schicksal der europäischen Juden ist ein besonders trauriges Kapitel einer Politik im Namen Gottes. Ihre Lage pendelte zwischen Abgrenzung und Selbstbehauptung, zwischen Resignation und Flucht, zwischen Duldung und Schutz durch Kaiser, König oder Landesherr, verbunden mit Ghettobildung, Sondersteuern und blutigen Pogromen.

Adversus Judaeos – eine Reihe theologischer Schriften vom zweiten bis zum siebten Jahrhundert nach Christus trug diesen Titel, und in ihnen wurden den Juden Gottlosigkeit, Ritualmord und Unsittlichkeit vorgeworfen. Die gravierendste Anklage war jedoch die des Gottesmordes: Die Juden hätten Gottes Sohn, Jesus von Nazareth, getötet. Die Synagoge wurde zum Ort des Unglaubens erklärt, und der erste Synagogenbrand fand 388 in Kallinikon, einer kleinen Stadt am Euphrat, statt.

Der Kirchenlehrer Augustinus gehörte auch hier zu den

theologischen Schreibtischtätern: In seinen *Vorträgen über das Evangelium des heiligen Johannes* beschimpfte er die Juden als »aufgerührten Schmutz, triefäugige Schar, zu Essig ausgearteten Wein der Propheten«. Er begründete die Ausgrenzung der Juden damit, dass sie den Bund des Neuen Testaments ablehnten. Ihre heimatlose Zerstreuung sei gottgewollte, heilsgeschichtliche Notwendigkeit. Deus lo vult?

Das Bild vom Judentum, das Martin Luther 1543 in seiner Schrift *Von den Juden und ihren Lügen* entworfen hat, diente vielen Antisemiten späterer Generationen als Steinbruch. Die Berufung auf einen so berühmten Kronzeugen hat sicher einen Teil des evangelischen Kirchenvolks veranlasst, die von den Nationalsozialisten an den Juden begangenen Verbrechen zu billigen oder wenigstens stillschweigend zu dulden.

Martin Bucer, der Reformator Straßburgs, empfahl dem hessischen Landgrafen Philipp, den Juden das Geldgeschäft zu nehmen und sie zu schwerster, niedrigster körperlicher Arbeit zu zwingen. Johannes Calvin, der französisch-schweizerische Kirchenerneuerer, verurteilte die Juden als »profane, bellende Hunde, ein verfluchtes Lumpenpack voller Habgier und Hochmut«. Zwar wurden die Empfehlungen der Reformatoren oft nicht umgesetzt, doch haben ihre Ideen jahrhundertelang dem Antisemitismus Argumente geliefert. Der religiöse Antisemitismus hat schließlich dem rassischen den Boden bereitet.[54]

Die Hexenjagd

Zwischen 1450 und 1700 fand die große europäische Hexenjagd statt, ihren Höhenpunkt erreichte sie zwischen 1550 und 1680. Aufgrund einer speziellen Theologie wurden von Schottland bis Siebenbürgen und von Spanien bis Finnland Tausende von Frauen systematisch gefoltert, hingerichtet, vorwiegend auf dem Scheiterhaufen verbrannt.

Im Heiligen Römischen Reich Deutscher Nation bewirkte erst 1631 die Veröffentlichung der *Cautio Criminalis* des Jesuiten Friedrich von Spee – eine vernichtende Kritik der bei deutschen Prozessen angewandten Folterverfahren – eine langsame Wende in der Hexenpolitik.

Der Missbrauch des Namens Gottes ist kein »Privileg« vergangener Jahrhunderte. Er ist hochmodern. Nationalismus und religiöser Fundamentalismus, Nation und Religion haben sich in vielen Gegenden der Welt zu einer unheiligen Allianz mit dem Ziel verschworen, Menschen nur deswegen zu verfolgen, zu diskriminieren oder zu töten, weil sie Christen, Muslime, irische Katholiken und Protestanten oder Hindus sind.

Die serbischen Kriegsverbrecher im letzten Jahrzehnt des 20. Jahrhunderts sind nicht zu verstehen ohne die Identifikation der Serben mit dem orthodoxen Christentum, genauer gesagt, mit der Feindschaft gegen den Islam.

Auch der alles überschattende Konflikt zwischen Israel und der arabischen Welt hat in dieser unheiligen Verstrickung von Religion und Nationalismus eine seiner wesentlichen Ursachen. Panarabische und zionistische Bewegungen werden verstärkt durch religiöse Abschottung, Diskriminierung und Intoleranz. Dabei glauben Juden wie Araber an einen Gott und haben in Abraham einen gemeinsamen Erzvater.

Einer der schlimmsten Fälle ethnisch-religiöser Verfolgung ist der von den Türken begangene Genozid an den christlichen Armeniern, dem über eineinhalb Millionen Menschen zum Opfer fielen.

Das Paradebeispiel für die verheerende Wirkung eines Konflikts zwischen verschiedenen Konfessionen war Nordirland. Dieser Streit tobte nur einige hundert Kilometer entfernt von London, einer der größten Metropolen der industrialisierten Welt.

Kann sich das alles vor den Augen des »lebendigen Gottes« abgespielt haben? Ich habe die dringliche Frage, wie die Verantwortlichen in der Kirche dies den Menschen erklären wollen.

Ist Gott der ganz andere?

Schon Sokrates kannte das Beispiel der Münchner Astrophysiker mit dem Aquarium und sagte, die Menschen glichen Fröschen, die an einem kleinen Teich oder in einer Schlucht lebten und, wenn sie nach oben schauten, die Wasseroberfläche mit dem Himmelszelt verwechselten. Ameisen und Bienen, um ein anderes Beispiel zu nehmen, die perfekt arbeiten und Tannennadeln und Blütenstaub transportieren, haben keine Ahnung vom Menschen, der den Ameisenhaufen oder den Bienenstock betrachtet. Befinden wir uns im Verhältnis zu Gott vielleicht in der gleichen Lage? Thomas von Aquin meinte, von Gott könnten wir nicht sagen, was er ist, sondern nur, was er nicht ist.[55] Das Vierte Laterankonzil im Jahre 1215 formulierte eine der beachtlichsten Erkenntnisse der Theologie, dass alle Aussagen über Gott ihm unähnlicher sind als ähnlich. Das bedeutet aber auch, dass wir uns, je mehr wir uns mit der Frage nach dem »gerechten Gott« beschäftigen, immer weiter von einer möglichen Antwort entfernen.

III

Christsein ohne Gott (?)

Warum versteckt sich Gott?

Es gibt auch Einsichten aufgrund intensiver oder mystischer oder, etwas einfacher gesagt, persönlicher Erlebnisse. Manche Menschen glauben an Gott, weil sie eine Vision hatten, in der sie Gott persönlich erlebt haben. Oder sie sahen eine überirdische Erscheinung, einen Engel oder die Jungfrau Maria, die ihnen die Existenz Gottes bezeugten. Die Menschheitsgeschichte ist voll von solchen Erlebnissen, von denen durchaus seriöse Menschen berichtet haben. Das berühmteste Beispiel ist die Verwandlung des Saulus, eines der größten Christenverfolger in Israel, zum Apostel Paulus. Und zwar durch die Erscheinung, das unmittelbare Erlebnis Gottes, wie es in der Apostelgeschichte behauptet wird. Viele Menschen, welche die katholische Kirche heiliggesprochen hat, berichteten von mystischen Erfahrungen. Die einen, wie die Jungfrau Anna Katharina Emmerick, schildern die Bilder, die sie vom Paradies gesehen haben. Andere berichten, so auch Ignatius von Loyola, ein absolut nüchterner Mann, von mystischen Erlebnissen, aufgrund derer sie, wie von einem intellektuellen Lichtstrahl getroffen, unmittelbar die eigentliche Ursache des Lebens, den Urgrund allen Seins, also Gott, erkannt haben. Allerdings ohne dass sie anschließend, nach Beendigung des mystischen Ereignisses, in der Lage gewesen wären, diese Erkenntnisse auch rational und sprachlich darzustellen.

Die Geschichte des Buddhismus ist erfüllt von Visionen. Der heutige Dalai Lama wurde zwei Jahre nach dem Tod des 13. Dalai Lama im Jahr 1933 durch Mönche aufgrund von

Visionen am heiligen Lhamoi-Lhatso-See entdeckt. Dieser See gilt den Tibetern als Medium, als Orakel, um Einblicke in andere Welten zu bekommen. Die Mönche erkannten auf der Wasseroberfläche drei tibetische Buchstaben, Ah, Ka und Ma. Und sahen die goldenen und jadegrünen Dächer eines Klosters und einen kleinen Bauernhof mit türkisblauen Ziegeln. Später fanden sie in einer nordöstlichen Provinz das Mönchskloster Kumbum mit goldgrünen Dächern und im nahen Ort Trakster einen Bauernhof mit türkisfarbenen Ziegeln. Dort trafen sie auf den zweijährigen Lahmo Dhondrub, der alle Fragen richtig beantwortete und so bewies, dass er der 14. Dalai Lama war. Der Dalai Lama erklärte später dazu, es habe sich wohl um eine altertümliche Form des Fernsehens gehandelt.

Wir können uns ein Urteil darüber ersparen, ob die Mystik und sonstige rätselhafte Erlebnisse Phantasieprodukte kranker Menschen sind oder einen realen Hintergrund haben. Denn gerade in der Mystik bleibt die Frage offen, was das für ein Gott sein soll, der sich erstens nur bestimmten Menschen offenbart – weniger als einem Promille der Menschheit – und der dies zweitens in einer derart skurrilen Weise tut. Warum zeigt sich Gott eigentlich nicht richtig? Und allen? Was soll das Versteckspiel? Gibt es ihn wirklich, dann ist er ein Wesen, das mit den Menschen spielt, das es darauf ankommen lässt, ob Menschen ihn erkennen oder nicht, ihn erleben oder nicht. Und das auch noch dafür sorgt, dass solche Visionen nur ganz wenigen Menschen möglich sind.[56]

Kann man Gott beschreiben?

Es gibt trotz der Erkenntnisse des Vierten Laterankonzils (siehe S. 56) in der Theologie mehrere andere Versuche, Gott zu präzisieren. Man nimmt zum Beispiel eine Eigenschaft, die auch ein Mensch haben kann, und versieht sie mit einer besonderen Qualifikation. Aus gütig wird allgütig, aus wissend allwissend, aus mächtig allmächtig. Das heißt, man setzt Gott in einen den Menschen überschreitenden, positiven Gegensatz zu dem von ihm geschaffenen Geschöpf: Der Mensch ist endlich, Gott ist unendlich. Der Mensch ist sterblich, Gott ist unsterblich. Gott ist dann nicht mehr der ganz andere, sondern ein überdimensionaler Mensch. Die Zweifel an Gott werden dadurch allerdings vergrößert, weil man damit Gott Dinge zutraut, die man beim Menschen verachtet: etwa Ungerechtigkeit, Rache, Strafen und Allmachtsdünkel.

Die Kirchen sind auf eine solche Sprache angewiesen, weil sie auch Volkskirchen sein müssen und deswegen das, was sie über Gott zu sagen haben, auch einfachen Menschen näher bringen wollen. Das heißt aber auch, dass wir mit der Sprache nicht über das, was Thomas von Aquin und das Laterankonzil gesagt haben, hinauskommen und an Gott einfach nicht herankommen. Das Bewusstsein des Menschen ist stark geprägt von Auseinandersetzungen mit der Umgebung, mit der Wirklichkeit, in der er sich befindet. Dass der Mensch überhaupt ein *Bewusstsein* von Transzendenz hat, also von etwas, das über die scheinbare Wirklichkeit hinausweist, könnte ja auch Ergebnis einer inneren Auseinandersetzung mit einer tatsächlich bestehenden, transzendenten Realität sein. Vögel zum Beispiel, nehmen wir einen Bussard oder einen Falken, die eine besonders elegante Technik haben, die Thermik zu nutzen, brauchten in ihrer Evolution keine aerodynamischen Kenntnisse, die sie sich hätten aneignen müssen. Und dennoch sind die aerodynamischen Regeln, ohne dass diese Vögel davon überhaupt eine Ahnung davon haben, aus deren Körperbau abzuleiten. Das Bewusstsein also, dass es etwas Transzendentes geben muss, könnte ja auch in der Menschwerdung des Menschen ein Reflex jener Wirklichkeit sein, die der Mensch zugegebenermaßen mehr erspürt, erahnt als verstehen kann. Es ist eine Vermutung, eine Hypothese, aber sie spricht jedenfalls nicht gegen Gott.

Existenzphilosophie

Die Verzweiflung, die mit diesen Fragen verbunden ist, ist die Grundlage der Existenzphilosophie des französischen Philosophen Jean-Paul Sartre. Wenn der Mensch erlebe, dass er existiere und irgendwann sterben müsse, ohne darin einen Sinn erkennen zu können, dann verursache dies Angst, und er müsse sich in einer Welt ohne Sinn fremd fühlen. Dies wiederum führe zur Verzweiflung oder zur Langeweile, aber auch zu Ekel und Auflehnung. Sartre sieht in der Freiheit des Menschen einen Fluch. »Der Mensch ist zur Freiheit verurteilt, weil er sich nicht selber erschaffen hat und dennoch frei ist.« Wenn er einmal in die Welt geworfen sei, dann sei er auch für alles verantwortlich, was er tue.[57] Der Mensch habe aber niemanden gebeten, ihn als freies Individuum zu erschaffen. So seien die Menschen als freie Individuen ständig dazu verdammt, sich ihr Leben lang zu entscheiden, ohne dass es ewig gültige Werte gebe, nach denen sie sich richten könnten. Deshalb könne der Mensch aber auch seine Verantwortung nicht einfach bestreiten und zum unpersönlichen Massenmenschen werden. Diese Freiheit befehle ganz im Gegenteil, dass der Mensch etwas aus sich mache, eine »authentische« oder »echte« Existenz führe. Und zwar gerade deswegen, weil es keinen Gott gebe, der den Menschen sagen könne, was sie zu tun hätten.

Viele gläubige Menschen ziehen aus diesem Problem gerade die umgekehrte Konsequenz. Sie sagen: Entweder ich verzweifle wegen meiner Existenz und wegen der fraglichen

Existenz Gottes, oder ich muss einfach den Sprung in den Glauben wagen. Sie kommen auf Selbstmordgedanken oder meinen, auf andere Leute oder auf die eigenen Zweifel gar nicht mehr hören zu müssen. Sie interessieren sich nur noch für sich selber. Sie sagen sich: Es mag ungewiss sein, ob es Gott und ein Leben nach dem Tode gibt, aber da es auch durchaus möglich, vielleicht sogar wahrscheinlich ist, gehe ich lieber auf Nummer sicher und glaube einfach. Das ist die Grundlage der so genannten pascalschen Wette. Der Philosoph Blaise Pascal argumentiert, dass es stets eine bessere »Wette« ist, an Gott zu glauben, als dies nicht zu tun: Im Fall, dass Gott wirklich existiere, hätte man damit immer eine höhere Gewinnchance als im umgekehrten Fall.

Immer wieder dieselbe Frage: Was soll das für ein Gott sein, der die Menschen veranlasst, zu solchen Tricks zu greifen? Glaubte Pascal wirklich, Gott könnte einen solchen Trick nicht durchschauen und einen solchen Glauben ernst nehmen?

Es gibt noch Radikalere. Sie gehen so weit wie der große evangelische Theologe Karl Barth und sagen, Jesus Christus, wie er in der Bibel beschrieben wird, sei das alleinige Wort Gottes, das es gebe. Außerhalb der Kirche gebe es keine anderen Wahrheiten oder Ereignisse oder Mächte oder Personen, die über Gott Auskunft geben könnten. Das ist eine ganz radikale Antwort, die blind das glaubt, was zum Beispiel in der Bibel steht oder was Buddha oder Mohammed gesagt haben. Dieser Fundamentalismus führt jedoch zu Diktatur, Burka, Scheiterhaufen und Terror. Alles Gründe gegen Gott.

Hoffnung

Es kann passieren, dass in einer Versammlung jemand die Frage stellt, ob es einen Gott, ob es ein Leben nach dem Tode gibt, woher wir kommen und wohin wir gehen. Darauf kann ich ihm nur als Mensch, nicht als Politiker antworten. Denn in dieser Hinsicht geht es den Politikern nicht anders als den Naturwissenschaftlern, die den menschlichen Gencode entschlüsseln, mit Laserstrahlen operieren, Raketen ins Weltall schicken und die Teilchenphysik komplettieren können.

Aber wie die Wissenschaftler können sie kein einziges der zentralen Probleme der Menschen beantworten, nämlich, ob es einen Gott gibt, was der Sinn des Lebens ist und ob der Tod die Endstation ist. Bei diesem Thema sind eigentlich die Kirchen dran. Aber ihre Gotteshäuser sind leer, ihnen laufen die Menschen weg, denn sie geben auf diese elementaren Fragen, wie wir gesehen haben, keine ehrlichen Antworten. Stattdessen erzählen sie wunderbare Geschichten von den Hirten auf den Feldern und den Engeln, die den Frieden verkünden, nach dem die Menschen Sehnsucht haben und dann wenigstens am so genannten Heiligen Abend in die Kirche gehen. Aber weil die kirchlichen Antworten auf Sünde, Tod und Teufel die Menschen zu Schuldigen machen, wenden sie sich vermehrt anderen Bewegungen zu. Es gibt richtige religiöse Wellen – Jesus-Movements –, charismatische Bewegungen, ein großes Interesse an orientalischer Religion und Mystik, bis hin zu Aberglauben und Teufelsanbetern.

Viele haben eine Sehnsucht nach Erfüllung, nach Liebe, die nie gestillt worden ist, und wenn es nach dem Leben weitergeht, wenn es Gott gibt, dann geht die Sehnsucht vielleicht doch nicht einfach ins Leere. Denn wenn die Hoffnung vorhanden wäre, dass es einmal ganz anders kommt und besser wird, dann hätte das Leben vielleicht doch noch einen Sinn gehabt. Man kann es auch mit einem Satz zusammenfassen: Wenn Gott existiert, dann kann man die grundlegenden Fragen der Menschheit, »Wer sind wir? Woher kommen wir? Und wohin gehen wir?«, einfach besser beantworten. Dann ließe sich auch die Frage beantworten, woher die Welt überhaupt kommt.

Aber es ist eben nur eine, wenn auch begründete, *Hoffnung*. Abgesehen davon, dass der Mensch ohne Hoffnung schlecht leben kann. Und es ist doch auch bemerkenswert, dass so viele ganz unterschiedliche Menschen auf Gott hoffen. Auf ihn hoffen weltweit die Fellachen im Niltal genauso wie, in der Regel, der Präsident der USA. Oder die Bergführer in den Walliser Alpen, die Opernsängerin an der Mailänder Scala und der Professor an der Harvard University.

Die Flaschenpost des Umberto Eco

Ich kenne Menschen, die nicht an Gott glauben und dennoch etwas Gutes tun. Sie sagen, ich mache wenigstens in meinem Leben etwas Positives, indem ich zum Beispiel anderen Menschen helfe – und damit bin ich voll zufrieden.

Der Philosoph und Schriftsteller Umberto Eco hat erzählt, dass er sich als junger sechzehnjähriger Katholik auf ein Streitgespräch mit einem älteren Bekannten eingelassen habe, der als »Kommunist« ausgewiesen war. Bei dieser Debatte sei es um die Frage gegangen, wie man als Nichtgläubiger dem sinnlosen eigenen Tod einen Sinn geben könne. Er lege vorher fest, so der »Kommunist«, dass er ohne kirchlichen Beistand begraben werden wolle. Dann sei er nicht mehr da, aber er habe den anderen Kommunisten ein Beispiel gegeben.

Umberto Eco meint, dieses Verständnis vom eigenen Leben sei es, das »viele Nichtgläubige dazu befähigt habe, zum Beispiel unter der Folter zu sterben, ohne ihre Freunde zu verraten. Oder andere, sich von der Pest anstecken zu lassen, um die Pestkranken zu heilen. Oft ist es auch das Einzige, was einen Philosophen zum Philosophieren treibt oder einen Schriftsteller zum Schreiben, nämlich eine Flaschenpost zu hinterlassen, damit das, woran man geglaubt hat oder was man schön fand, auch von den Nachgeborenen geglaubt oder schön gefunden werden kann.«[58]

Diese Leute brauchen offenbar keinen Gott, um etwas ihrer Meinung nach Sinnvolles zu tun. Aber führt dieser Disput weiter? Ich glaube ja. Die Nichtregierungsorganisationen (NGO) haben in einer Menschenrechtserklärung Mitte der neunziger Jahre klargestellt, dass sie sich zwar für kulturelle Vielfalt einsetzen, dass aber alle Sitten und Bräuche, welche die allgemein anerkannten Menschenrechte verletzen, unannehmbar seien. Sie wiesen die Logik zurück, dass ein Asiat, nur weil er in Asien gefoltert werde, ein geringeres Schutzrecht vor Folter haben solle als jeder andere.

Das ist eigentlich eine Selbstverständlichkeit. Aber woher kommt es, dass Milliarden Menschen solche Grundüberzeugungen haben? Natürlich gibt es viele Ansprüche, Pflichten, Gebote und Normen, die sich ganz pragmatisch begründen lassen und allen einsichtig sind, zum Beispiel, dass man auf der Straße mit dem Auto rechts fahren muss oder links, je nachdem, wie man das vereinbart, damit die Autos nicht zusammenstoßen.

Aber warum sollen auch Regeln befolgt werden, die zum Beispiel den Interessen von Menschen völlig zuwiderlaufen? Warum soll ein Arzt jemanden behandeln, der nichts oder nur wenig dafür bezahlen kann? Warum soll man Flüchtlinge aus anderen Ländern aufnehmen, die hier nur Geld kosten? Warum soll jemand mit seinem Steuergeld ein Orchester in der Stadt Frankfurt am Main finanzieren, obwohl er völlig unmusikalisch ist?

Dafür mag es viele Gründe geben, die man auch verstehen kann, ohne an Gott zu glauben. Zum Beispiel die Überlegung, dass man selber in eine Situation geraten kann, in der man dankbar ist, wenn man Hilfe bekommt.

Warum gegen eigene Interessen handeln?

Wenn man Ausländer ist, ist solidarische Hilfe nicht mehr selbstverständlich. Noch schwieriger wird es, wenn man die Frage stellt, warum man Leuten, die fünfundachtzig oder neunzig Jahre alt sind, noch ein künstliches Hüftgelenk einsetzen soll. Warum schaltet man über Neunzigjährige nicht vom Dialyseapparat ab? Warum sollen Embryonen nicht zu Forschungszwecken verwendet werden? Oder Demenzkranke oder überhaupt Menschen, die einwilligungsunfähig sind wie zum Beispiel geistig Behinderte? Oder warum sollen Kinder nicht einfach abgetrieben werden, wenn man durch Ultraschall-Untersuchungen feststellt, dass sie das »falsche« Geschlecht haben, wie das in Indien mit den weiblichen Föten geschieht?

Man kann noch weitergehen. Man kann die Frage stellen, warum eigentlich Machthaber, Verbrecher, bestimmte Gruppen, die vielleicht sogar in der Mehrheit sind, nicht gegen die Menschenwürde und gegen die Menschenrechte handeln dürfen, wenn das in ihrem Interesse ist? Warum sollten das mächtige Nationen oder Manager von Großkonzernen nicht tun dürfen – wie zum Beispiel Xi Jinping, Putin, Erdoğan und Donald Trump? Nun könnte man sagen: weil es übergeordnete Instanzen gibt, die so etwas verbieten (oder es wenigstens versuchen). Zum Beispiel die UNO oder eine Mehrheit in einem Parlament. Aber eine parlamentarische Mehrheit kann auch Unrechtsregime unterstützen und ihren Gewaltakten zu Legitimität verhelfen, wie in Deutschland 1933 oder jetzt in der Türkei.

Gott: ein Postulat der praktischen Vernunft?

Ich weiß nicht, ob Immanuel Kant und Dostojewski sich gekannt haben. Sie haben beide voneinander unabhängig den nach meiner Auffassung einzigen Gedanken formuliert (der eine negativ, der andere positiv), der die Existenz eines Gottes wenigstens plausibel macht. Dostojewski sagte: Wenn Gott nicht existiert, ist alles erlaubt.[59] Das hat bei vielen Atheisten großen Ärger verursacht: als ob die Atheisten a priori kriminell wären und sich an keine Gesetze hielten.

Kant sagt dasselbe, akademischer und ins Positive gewendet. Er gibt zunächst einen Kommentar auf die Behauptung vieler, sie handelten nicht nach Gott, sondern folgten ihrem Gewissen. Aber dann kommt die Frage: »Woher haben wir unser Gewissen?« Woher stammen die Regeln, nach denen sich das Gewissen richtet? Man kann auch etwas grundsätzlicher sagen: Die Unbedingtheit eines ethischen Anspruchs (was wir sollen) lässt sich nur von einem Unbedingten her begründen, von einem Absoluten. Etwas, das nicht der Mensch als Einzelner oder die menschliche Gemeinschaft sein kann, sondern eine übergeordnete Instanz, die man Gott nennen kann. Kant war der Auffassung, dass man mit der reinen Vernunft, mit dem Verstand, Gott nicht beweisen könne (siehe S. 16). Aber er schreibt, dass Gott das Ergebnis der *praktischen* Vernunft sei, also die Erkenntnis, dass ein geordnetes Zusammenleben der Menschen ohne eine in Gott gegründete Moral nicht möglich wäre.[60]

Das Argument, dass diese Ansicht in Deutschland ihre Verankerung im Grundgesetz habe und deshalb positiv-rechtlich Gültigkeit besitze, ist richtig. Aber der langjährige Verfassungsrichter und Rechtsphilosoph Ernst-Wolfgang Böckenförde hat zu Recht darauf hingewiesen, dass dieses Grundgesetz von Voraussetzungen lebe, die es selbst nicht schaffen könne. Daher haben die Mütter und Väter des Grundgesetzes schon vor gut sechzig Jahren der Verfassung in ihren wichtigen Teilen eine Ewigkeitsgarantie gegeben – und zwar im Artikel 79, Abs. 3, in dem festgelegt wird, dass zum Beispiel die Unantastbarkeit der menschlichen Würde und damit die Grund- und Menschenrechte nie mehr von einer noch so großen Parlamentsmehrheit abgeschafft werden können.

Wir wissen, dass der Glaube an die Existenz eines Gottes vielen durchaus sinnvoll erscheint. Man kann ihn erahnen in der kosmischen Singularität vor dem Urknall, vielleicht auch in der Musik von Bach, Mozart oder Beethoven. Man kann Gott nicht beweisen wie den Satz des Pythagoras oder wie die schlichte Gleichung, dass zwei mal zwei vier ist. Aber sicher ist auch, dass die Naturwissenschaften die Existenz Gottes nicht widerlegen. Es gibt das plausible Argument von Dostojewski und Kant, Gott sei das Postulat der praktischen Vernunft.

Aber selbst die Vorstellung dieses Gottes kann nicht in Übereinstimmung gebracht werden mit dem millionenfachen Unrecht, dem Hungertod, den Leiden und den Schmerzen der Menschen und der seit Tausenden Jahren praktizierten Gewaltanwendung der Stärkeren gegen die Schwachen, der Mächtigen gegen die weniger Mächtigen. Aber noch etwas steht mit Sicherheit fest: Den Gott, wie ihn die Theologie der christlichen Kirchen beschreibt, kann es nicht geben.

Die entscheidenden Fragen

Otto Hermann Pesch hat zur Frage der Theodizee in seiner *Katholischen Dogmatik* festgestellt, wir könnten die Frage nicht unterdrücken, welches Bild von Gott sich hinter den Antworten der Theologie verbirgt:

»Welch ein Gott, der Leiden sehen, Menschen leiden lassen muss, um sich ihrer erbarmen zu können!

Welch ein Gott, der ohne Begründung Leiden zum Weg in die Herrlichkeit erklärt!

Sollen wir allen Ernstes hingehen und den Menschen in den Elendsgebieten der so genannten Dritten Welt – in den Favelas der lateinamerikanischen Großstädte, in den von Stammeskriegen geschändeten Ländern Afrikas, in den Unterdrückerstaaten, in den Ländern überall in der Welt, die von Naturkatastrophen heimgesucht werden – sollen wir ihnen sagen: Euer Elend entspricht dem Willen Gottes?«[61]

Und wir müssen angesichts der christlichen Theologie ergänzen:

– Was für ein Gott, der Frauen wie Menschen zweiter Klasse behandelt!
– Was für ein Gott, der uns auf der Frage sitzenlässt, weshalb er Schmerz und Leid überhaupt ermöglicht hat – nur um uns hinterher durch seinen Sohn wieder davon zu befreien!
– Was für ein Gott, der Menschen wegen ihrer Sünden leiden lässt!
– Was für ein Gott, der Schmerzen und Unglück den Menschen höchstpersönlich schickt, weil er ihnen wohlwill!
– Was für ein Gott, für den Anfragen wegen des Leides auf der Erde eine Anmaßung sind!
– Was für ein Gott, der geliebt werden will und dafür in Kauf nimmt, dass Menschen ihre Freiheit zu ungeheuerlichen Verbrechen missbrauchen!
– Was für ein Gott, der es dem Teufel ermöglicht, die Menschen mit Krankheiten zu quälen!
– Was für ein Gott, der sich trotz täglichem millionenfachem Leid in Gebeten und mit Liedern loben und preisen lässt!
– Was für ein Gott, der nur durch seine Gnade die Menschen auf dieser Welt erlöst, die er selber geschaffen hat!

– Was für ein Gott, der alle Menschen sich für die Ursünde rechtfertigen lässt, die Adam und Eva angeblich begangen haben!
– Was für ein Gott, der sich nicht zeigt, sondern versteckt!
– Was für ein Gott, der Gebete erhört oder auch nicht!
– Was für ein Gott, der Krankheiten heilt, aber nicht bei jedem!
– Was für ein Gott, der die einen durch Christus zum Vater kommen und andere in ihren Sünden sterben und verderben lässt!

Der Glaube an diesen Gott gibt uns keine Antwort, welchen Sinn das Leiden auf der Erde hat. Wir müssen also mit der Sinnlosigkeit des Leidens leben. Wir haben als Christen keine bessere Sinndeutung des Leidens in der Welt als jeder andere auch. Deswegen wird das Leiden für viele immer mehr zum »Fels des Atheismus«[62].

Aber muss dies die letzte und einzige Antwort sein?

Ein Vorschlag

Der damalige Bischof von Mainz, Kardinal Volk, schleuderte Weihnachten 1969 den schockierten Kirchenbesuchern, die sich auf eine friedliche und fröhliche Christmette eingestellt hatten, den Satz ins Gesicht: »Es gibt nur eine Alternative: entweder Glauben oder Saufen.« Winzer und Bierbrauer hätten ihm antworten können: Noch besser ist beides. Aber der Mensch muss weder glauben noch saufen. Wer nicht an Gott glaubt, ist nicht zum Saufen verurteilt, auch nicht als Christ.

Wer nicht glauben kann, dem bleiben Hoffnung und Liebe, die nach Auffassung des Apostels Paulus größer ist als der Glaube. Dem Christen bleibt vor allem auch die Hoffnung, dass in dem Restgeheimnis der Astrophysiker Gott existiert. »Es ist eine Hoffnung gegen alle Hoffnung, eine Hoffnung gegen den Augenschein, aber eine Hoffnung als Energiequelle«[63], sich mit der Sinnlosigkeit nicht abzufinden. Viele Menschen haben den Wunsch, dass das, woran sie zweifeln, dennoch wahr sein möge. Die Jesuiten nennen dieses Verlangen »*desiderium desiderii*«, die Sehnsucht nach der Sehnsucht, glauben zu können. Das reicht, um Christ zu sein. Davon bin ich überzeugt. Milliarden Menschen verfielen in Hoffnungslosigkeit oder Gewaltexzesse, wenn sie nicht die Hoffnung auf ein besseres, jenseitiges Leben hätten.

Ist die Religion eine gewaltige psychische Hilfe für die Menschheit, die ohne sie verzweifeln müsste, also ein Topos der Hoffnung, allerdings jenseits aller Realität? Wenn man sich die Existenz der Weltreligionen wegdenkt, verschwindet mit ihnen Furchtbares: Witwen- und Ketzerverbrennungen, Hexenwahn, Frauendiskriminierung, Scharia, Kolonialismus, Rigorismus, religiös motivierte soziale Kontrolle, Verfolgung der Abweichler von religiös begründeten Sexualnormen. Es verschwänden aber auch die von den Religionen verkündeten ethischen Normen, etwa die Zehn Gebote und die Hoffnung auf Gerechtigkeit und ein besseres Leben in einer anderen Welt. Schon aus diesen praktischen Gründen wäre es eine für die Menschheit schlechte Entwicklung, wenn die Religionen ihre Kernbedeutung verlören, den Menschen eine Perspektive für ein anderes Leben zu erhalten. Aber Religion kann auch von Machthabern jeder Art als Opium für die Völker missbraucht werden, wie Karl Marx gesagt hat, damit diese ja keine Revolution machen, um das Unrecht selber zu beseitigen. Deshalb müssen die Kirchen unbestechliche Anwälte der Menschen sein und – wie Jesus – an ihrer Seite stehen.

Der Sinn des Lebens?

Sinnlosigkeit ist nicht unser Schicksal. Christen können dem entgehen, auch wenn sie an Gott zweifeln. Denn sie können an drei Tatsachen nicht zweifeln: Jesus ist eine historische Person. Er hat gelebt, und er existiert in den Köpfen und Herzen von Milliarden Menschen. Er hat die größte Volksbewegung der Weltgeschichte in Gang gebracht und die beste und glänzendste Botschaft der Menschheit verkündet, die auch heute noch die Welt verändern kann. Er hat der Nächstenliebe, das heißt der Solidarität unter den Menschen, denselben Rang gegeben wie der Gottesliebe.

Die Pharisäer schickten einen der Ihren zu Jesus mit der Frage: »Wer ist denn mein Nächster?« Sie wollten wissen, ob der Nächste für Jesus derselbe sei wie für sie, die nämlich die

Nächstenliebe einschränkten auf die Volksgenossen und diejenigen, die Gastrecht hatten. Als Antwort erzählte Jesus zunächst die Geschichte aus dem *Wadi el Kelt*, von der Adummin-Steige, der Blutsteige, der Schlucht, die herabzieht von Jerusalem nach Jericho, wo ein Jude überfallen, ausgeraubt und halb totgeschlagen wird.[64]

Der Priester, fährt Jesus fort, kommt vom Tempel herunter und läuft vorbei, genauso der Levit, und dann kommt der Mann aus Samaria, ein Feind in den Augen der Juden, ein Apostat, ein Renegat, der für die rechtgläubigen Juden schlimmer war als die Heiden. Der versorgte den Verletzten medizinisch, brachte ihn ins nächste Hotel und gab dem Wirt noch Geld, damit er sich um ihn kümmere. Und dann erst stellte Jesus die Gegenfrage. Er fragt nicht das, was wir normalerweise fragen würden, ob der Verwundete der Nächste sei. Er fragte den Pharisäer, wer von den dreien nun der Nächste für den Überfallenen gewesen sei. Der Pharisäer musste notgedrungen gestehen, obwohl es ihn wahrscheinlich fast umbrachte: der Mann aus Samaria.

Das heißt aber, dass wir alle – Pastoren, Priester, Laien, Politiker und Minister, Arbeitnehmer und Unternehmer – die Nächsten sind für diejenigen, die in Not geraten. Wir müssen nicht die ganze Welt lieben, aber wir müssen denen helfen, die in Not sind. Das kann auch der Feind sein. Die Nächstenliebe ist eine Pflicht. Neoliberale und die selige Maggie Thatcher, die im letzten Fünftel ihres Lebens gefüttert werden musste, nannten sie Gefühlsduselei und Gutmenschentum. Aber erst Nächstenliebe und solidarisches Handeln geben dem menschlichen Leben einen Sinn. Denn wenn wir schon die Frage nicht beantworten können, ob es ein zweites Leben gibt, dann können wir uns mit unseren Kräften dafür einsetzen, dass es den Menschen in dem jetzigen Leben immer besser geht. Wir können versuchen, unserem

Leben und dem anderer dadurch einen Sinn zu geben, dass wir den Pfusch dieser Welt selber beseitigen. Statt Waffen zu produzieren, können wir für den Frieden arbeiten, Notleidenden helfen, Forschung betreiben, umweltverträgliche und energiesparende Techniken entwickeln sowie weitere Medikamente und Therapien erfinden, um Krankheiten zu heilen. Mit einem Wort: die Lebensbedingungen der Menschen verbessern. Das kann jeder in der Familie, in der Gemeinde, in der Politik, in Wissenschaft und Kunst. Die Pharmaindustrie ist mehr wert als Hunderttausend Prozessionen und Wallfahrten. Schmerzen lindern, Diktatoren bekämpfen, Folterer bestrafen: all das tun, was Gott offensichtlich nicht tut, aber tun müsste, wenn es ihn gäbe. All das tun, was auch Jesus täte, das ist Aufgabe aller Menschen, müsste die Predigt der Kirchen lauten und so die politische Dimension des Evangeliums umfassen.

Metanoeite

Metanoeite, ihr sollt umdenken, forderte Jesus am Jordan. (Hieronymus hat in der Vulgata *meta-noeite* willkürlich mit *poenitentiam agite* = »Tuet Buße« übersetzt und dadurch entscheidend verfälscht.) Viele in den Kirchen widmen sich der Liturgie, dem Gottesdienst, dem Beten und der Kirchenmusik. Das ist nicht anstrengend und macht sogar Spaß, wenn man musikalisch ist. Aber es ist nur die Hälfte der jesuanischen Botschaft. Jesus hat die für unser Leben sinnvollste Botschaft hinterlassen – er hat auch die Liebe zu Gott gepredigt –, die Nächstenliebe aber war ihm genauso wichtig, und ohne Nächstenliebe war ihm die Liebe zu Gott nichts wert.

In seiner Endzeitrede (Matthäus 25,35) formuliert Jesus – aktueller geht es kaum – sieben Forderungen für diejenigen, die zu ihm gehören, also Christen sein wollen:

- Den Hunger bekämpfen
- Allen Menschen Trinkwasser verschaffen
- Obdachlosen eine Wohnung geben
- Flüchtlinge aufnehmen
- Den Frierenden Kleider geben
- Kranke pflegen
- Gefangene betreuen

Er begründet diese Forderungen mit der Zugehörigkeit zum Reich Gottes.

Die Sündentheologie des Martin Luther, die Erbsündenlehre des Paulus und Augustinus und die Rechtfertigungsdogmen beider Kirchen, die den Menschen alle Schuld zuschieben, sind nicht maßgebend für das Christsein und versperren den Weg zu einem möglichen Gott. Die Nächstenliebe, das heißt die Pflicht, denen zu helfen, die in Not sind, sprengt nationale, kulturelle und religiöse Grenzen. Sie gilt allen Menschen unabhängig von Klasse, Rasse, Geschlecht, Nation und Vermögen. Zwei Milliarden Menschen bekennen sich als Christen zu Jesus. Sie sind die größten Global Player der Welt. Ihre Führer könnten die treibende Kraft für eine neue, gerechte Welt sein. Dieser Jesus verkörpert das Ideal der Glaubwürdigkeit, das heißt der Einheit von Idee, Reden und Handeln, der Einheit von Anspruch und Wirklichkeit. So wie er damals die Menschen gegen die Machthaber sowie Sitten- und Glaubenswächter vertreten hat – unabhängig, freimütig, selbstbewusst, furchtlos –, müssten auch heute Bischöfe, Kirchenpräsidenten und charismatische Führer mit dem Widerstandsgeist eines Martin Luther zur treibenden Kraft für eine neue und gerechte Welt-, Friedens- und Wirtschaftsordnung werden.

Auch heute, am Anfang des 21. Jahrhunderts, werden auf der Erde Milliarden von Menschen aufgrund ihres Glaubens und Gewissens oder ihres Geschlechts, ihrer Rasse und ethnischen Zugehörigkeit unterdrückt. Sie werden gefoltert, getötet oder müssen arm, arbeitslos oder in Sklaverei leben. Hilft ihnen ein Gott? Sie alle könnten sich aber leicht mit Jesus identifizieren. Jesus als Helfer der Armen, als Freund verstoßener Frauen, als Diener, der anderen die Füße wäscht, als Helfer der Behinderten, oder als Verbrecher, der nichts verbrochen hat, am Kreuz. In der kapitalistischen Welt des »Shareholder-Value«, der Investment-Banker, einer gigantischen Finanzindustrie mit ihren gesellschaftlichen Leitbildern Egoismus, Gier, Geiz, Erfolg, Dividende, Konsum, Rang und Titel ist Jesus eine totale Provokation und die Verkörperung von Menschlichkeit und Barmherzigkeit. Sein Denken und Handeln stellen heute wie damals die herrschenden Werte und Maßstäbe auf den Kopf. Ihm und an seine Botschaft können wir glauben.

Anmerkungen

1 Vgl. dazu Hannah Arendts Äußerungen zu Joachim Fest, in: Joachim Fest, *Hannah Arendt oder Das Mädchen aus der Fremde*, Reinbek 2016.
2 Vgl. Martin Luther, *Vom unfreien Willen*: »Damit also der Glaube Raum habe, ist es nötig, dass alles, was geglaubt wird, verborgen sei. (…) So Gott: Wenn er lebendig macht, tut er das, indem er tötet, wenn er gerecht macht, tut er das, indem er der Schuld überführt, wenn er in den Himmel bringt, tut er das, indem er in die Hölle führt, wie die Schrift sagt: ›Der Herr tötet und macht lebendig, er führt in die Hölle und wieder heraus‹.«, in: Martin Luther, WA, 18, 1525, 633, 15. Online abrufbar unter http//bitflow.dyndns.org/german/martinluther/vom_unfreien_willen.html, zuletzt abgerufen am 08. 02. 2017.
3 Lactantius formulierte die Frage in Anlehnung an Epikur wie folgt: »Gott will entweder die Übel aufheben und kann nicht; oder Gott kann und will nicht; oder Gott will nicht und kann nicht; oder Gott will und kann. Wenn Gott will und nicht kann, so ist er ohnmächtig; und das widerstreitet dem Begriffe Gottes. Wenn Gott kann und nicht will, so ist er missgünstig, und das ist gleichfalls mit Gott unvereinbar. Wenn Gott nicht will und nicht kann, so ist er missgünstig und ohnmächtig zugleich, und darum auch nicht Gott. Wenn Gott will und kann, was sich allein für die Gottheit geziemt, woher sind dann die Übel, und warum nimmt er sie nicht hinweg?«, in: Lactantius, *Vom Zorn Gottes*, S. 102. Online abrufbar unter: http://www.unifr.ch/bkv/kapitel501-12.htm, zuletzt abgerufen am 29. 01. 2017.
4 *Der Pilger*, Ausgabe 50–51/2016, S. 2.
5 UN-Übereinkommen zur Beseitigung jeder Form von Diskriminierung der Frau (CEDAW, *Convention on the Elimination of All Forms of Discrimination Against Women*).
6 Vgl. Geißler, *Sapere aude!*, Berlin 2012, S. 58f.
7 Vgl. *FAZ*, 14. 12. 2016.
8 Vgl. Geißler, *Intoleranz*, Köln 2002, S. 117.
9 Otto Hermann Pesch, *Katholische Dogmatik*, Band 1/2, Ostfildern 2008, S. 474.

10 Philip Roth, *Nemesis*, München 2011, S. 12.
11 *Der Pilger*, Ausgabe 50–51/2016, S. 3.
12 Ebd., S. 2.
13 Vgl. Geißler, *Ou Topos*, Köln 2009, S. 50f.
14 Der Ausruf entstammt dem Philosophengespräch in Georg Büchners *Dantons Tod*, geäußert von der Figur des Thomas Payne im 3. Akt, 1. Szene, in: Ders., *Dantons Tod*, Ditzingen 2008, S. 52.
15 Otto Hermann Pesch, *Katholische Dogmatik*, S. 626.
16 Margot Käßmann: »So unbegreifbar es ist, glauben wir, dass selbst Gott Ohnmacht kennt angesichts von Leid, Tod und Trauer.«, in: *Bild am Sonntag*, 29. 03. 2015.
17 Pat Robertson am 12. September 2005 in der Fernsehsendung *The 700 Club*.
18 Ausführliche Beispiele bei Richard Dawkins, *Der Gotteswahn*, Berlin 2007, S. 329ff.
19 Vgl. ausführlich: Martin Brecht, *Martin Luther*, Band 2, Stuttgart 2013, S. 206f.
20 Psalm 118,26–28.
21 Johannes 9.
22 Vgl. hier und nachfolgend: Geißler, *Was müsste Luther heute sagen*, Berlin 2015, S. 64f., und ausführlicher Brecht, *Martin Luther*, Band 2, S. 206f.
23 Röm 9,20–21.
24 Martin Luther, WA TR 2, 1883, S. 232.
25 Vgl. mit weiteren Beispielen: Hans Küng, *Was ich glaube*, München 2011, S. 237.
26 Zitiert nach: Wolfgang Wippermann, *Rassenwahn und Teufelsglaube*, Berlin 2005, S. 32.
27 Zitiert nach: *Der große Katechismus*. Deutsch nach der Fassung des deutschen Konkordienbuches (Dresden 1580), Das erste Gebot. Beide Lutherzitate vgl. Geißler, *Was müsste Luther heute sagen*, S. 159ff.
28 Röm 9,6–13.
29 Röm 9,14–18.
30 Martin Luther, WA 23, 134, 28–135, 6.
31 Daniel 3,51–90.
32 EKD, *Rechtfertigung und Freiheit*, München 2014, zitiert nach der Auflage von 2015, S. 40. Vgl. zudem: Geißler, *Was müsste Luther heute sagen*, S. 54f.

33 Martin Luther, WA 56, 361, 18–21.
34 Martin Luther, WA TR 6, 6539, S. 26ff.
35 Vgl. Martin Luther, WA TR 1, 1179, S. 584f.
36 Georges Minois, *Geschichte des Atheismus. Von den Anfängen bis zur Gegenwart*, Weimar 2000, S. 628.
37 Vgl. »So mächtig sind die Kirchen«, in: *Zeit Online*, zuletzt aktualisiert am 05. 12. 2013. Abrufbar unter: http://www.zeit.de/politik/2013-11/kirche-staat-kirchensteuer-bistum-landeskirche.
38 Thomas Mann, *Tagebücher 1951–52*, herausgegeben von Inge Jens, Frankfurt a. M. 1993, S. 315.
39 Woody Allen in seinem Buch *Without Feathers*, New York 1975, S. 106, und Kurt Tucholsky in dem Gedicht »Media in vita«, 1931.
40 Vgl. Albert Einstein an Max Born, 4. Dezember 1926, in: *Albert Einstein – Max Born. Briefwechsel 1916–1955*, herausgegeben und kommentiert von Max Born, München 1969, S. 129.
41 Vgl. Stephen Hawking und Roger Penrose, *Raum und Zeit*, Reinbek 1998.
42 *Das Magazin*, 22. 04. 2000.
43 Ebd.
44 Ausführliche Informationen zu der so genannten »Weltmaschine« finden sich auf der von der Gemeinschaft der deutschen Teilchenphysiker eingerichteten Website: http://www.weltma schine.de.
45 Harald Lesch, »Zwei Tage im Sommer 2012 – eine neue Welt«, S. 23, in: Ders. (Hrsg.): *Die Entdeckung des Higgs-Teilchens. Oder wie das Universum seine Masse bekam*, München 2013.
46 Timothy Hall, »Von ›Urknall-Maschinen‹, ›Gottesteilchen‹ und Schwarzen Löchern«, in: *Lesch 2013*, S. 35–45, S. 38f.
47 Roman Zitlau: »Rätsel und Kuriositäten in der Welt der allerkleinsten Dinge«, in: *Lesch 2013*, S. 47–90, S. 47.
48 Ebd., S. 47f.
49 Dieses und vorheriges Zitat: ebd., S. 48ff.
50 Ebd., S. 86.
51 Ebd., S. 89f.
52 Harald Lesch, »Higgs und fertig?«, in: *Lesch 2013*, S. 153–158, S. 158.
53 Vgl. Geißler, *Das nicht gehaltene Versprechen*, Köln 1997, S. 11.
54 Vgl. ebd., S. 18f.
55 Zu Sokrates vgl. Platons Dialog »Kriton« in: Wolfgang Bernhard (Hg.), *Kriton*. Übersetzung und Kommentar, Göttingen 2016.

Zu Thomas von Aquin vgl. »Wir können nämlich von Gott nicht erfassen, was er ist, sondern nur, was er nicht ist«, in: Ders., *Summe gegen die Heiden*, Buch I, Kapitel 30, Über die Vollkommenheit Gottes.
56 Vgl. hier und Vorhergehendes: Geißler, *Ou Topos*, S. 38f.
57 Vgl. Jean-Paul Sartre 1946 in seinem Essay *Der Existentialismus ist ein Humanismus*, S. 125: »Der Mensch ist dazu verurteilt, frei zu sein. Verurteilt, weil er sich nicht selbst erschaffen hat, und dennoch frei, weil er, einmal in die Welt geworfen, für all das verantwortlich ist, was er tut.«, in: Ders.: *Gesammelte Werke. Philosophische Schriften I*, Reinbeck 1994.
58 Umberto Eco in einem Brief an den Kardinal Carlo Maria Martini, in: Carlo Maria Martini/Umberto Eco, *Woran glaubt, wer nicht glaubt?*, Zürich 1998, S. 89.
59 Diese berühmte Folgerung legte Dostojewski seiner Figur des Iwan Karamasow in den Mund. Vgl. Fjodor Dostojewski, *Die Brüder Karamasow*, Frankfurt a. M. 2008, S. 114f.
60 Vgl. Immanuel Kant, *Kritik der praktischen Vernunft*, Zweites Hauptstück, V, Kapitel 27, Das Dasein Gottes, als ein Postulat der reinen praktischen Vernunft. Online abrufbar unter: http://gutenberg.spiegel.de/buch/kritik-der-praktischen-vernunft-3512/27, zuletzt abgerufen am 14. 02. 2017.
61 Otto Hermann Pesch, *Katholische Dogmatik*, S. 629.
62 Vgl. ebd., S. 630.
63 Ebd., S. 632.
64 Vgl. Lukas 10,25–30.

Literatur

Einzelne Passagen zitieren aus bereits erschienenen Büchern von mir: »Das nicht gehaltene Versprechen« (Kiepenheuer & Witsch, Köln 1997), »Intoleranz« (Kiepenheuer & Witsch, Köln 2002), »Ou Topos« (Kiepenheuer & Witsch, Köln 2009), »Sapere aude!« (Ullstein, Berlin 2012), »Was müsste Luther heute sagen« (Ullstein, Berlin 2015). Das Zitat auf Seite 19 ist dem Roman »Nemesis« von Philip Roth (Carl Hanser Verlag, München 2011) entnommen. Die Zitate auf Seite 22 und 67f. stammen aus »Katholische Dogmatik« von Otto Hermann Pesch (Grünewald, Ostfildern 2008). Auf den Seiten 48f. und 50f. zitiere ich aus »Die Entdeckung des Higgs-Teilchens« von Harald Lesch (Hrsg.; Bertelsmann, München 2013). Mein Dank gilt den Autoren und Verlagen für die freundliche Genehmigung des Abdrucks.

Augustinus: *Vorträge über das Evangelium des hl. Johannes*, übersetzt und mit einer Einleitung versehen von Thomas Specht (Des heiligen Kirchenvaters Aurelius Augustinus ausgewählte Schriften Bd. 4–6), München 1913–1914.

Brecht, Martin: *Martin Luther*, 3 Bde., Stuttgart 2013.

Dawkins, Richard: *Der Gotteswahn*, Berlin 2007.

Der große Katechismus. Deutsch nach der Fassung des deutschen Konkordienbuches, Dresden 1580.

EKD, *Rechtfertigung und Freiheit*, München 2014.

Geißler, Heiner: *Das nicht gehaltene Versprechen*, Köln 1997.

– *Intoleranz*, Köln 2002.

– *Ou Topos*, Köln 2009.

– *Sapere aude!*, Berlin 2012.

– *Was müsste Luther heute sagen?*, Berlin 2015.

Hawking, Stephen/Penrose, Roger: *Raum und Zeit*, Reinbek 1998.

Kant, Immanuel: *Kritik der praktischen Vernunft*, Stuttgart 1995.

Küng, Hans: *Was ich glaube*, München 2011.

Lesch, Harald (Hrsg.): *Die Entdeckung des Higgs-Teilchens. Oder wie das Universum seine Masse bekam*, München 2013.

Luther, Martin: *D. Martin Luthers Werke*, herausgegeben von J. K. F. Knaake et al., 120 Bände, Weimar 1883–2009. Zitiert als: WA.

Minois, Georges: *Geschichte des Atheismus. Von den Anfängen bis zur Gegenwart*, Weimar 2000.

Pesch, Otto Hermann: *Katholische Dogmatik. Aus ökumenischer Erfahrung*, Band 1/2: Die Geschichte der Menschen mit Gott, Ostfildern 2008.

Roth, Philip: *Nemesis*, München 2011.

Wippermann, Wolfgang: *Rassenwahn und Teufelsglaube*, Berlin 2005.